# LE RÔLE MORAL

DE LA

# BIENFAISANCE

COLLECTION D'AUTEURS ÉTRANGERS CONTEMPORAINS

HISTOIRE — MORALE — ÉCONOMIE POLITIQUE

OUVRAGES DU MÊME AUTEUR

**Justice**, traduction de M. E. Castelot, ancien consul de Belgique, 2ᵉ édition. 1 vol. in-8°, cartonné. . . . . . . .   9 fr.

**La morale des différents peuples et la morale personnelle**, traduction de MM. E. Castelot et E. Martin Saint-Léon. 1 vol. in-8°, cartonné. . . . . . . . . . . . . . .   9 fr.

**Problèmes de morale et de sociologie**, traduction de M. H. de Varigny. 1 vol. in-8°, cartonné. . . . . . .   9 fr.

ÉVREUX, IMPRIMERIE DE CHARLES HÉRISSEY

COLLECTION D'AUTEURS ÉTRANGERS CONTEMPORAINS

# LE RÔLE MORAL
DE LA
# BIENFAISANCE

PAR

## HERBERT SPENCER

Traduction de M. E. CASTELOT
ANCIEN CONSUL DE BELGIQUE

ET

## M. E. MARTIN SAINT-LÉON
DOCTEUR EN DROIT

PARIS
GUILLAUMIN ET Cie, ÉDITEURS
De la Collection des principaux économistes, du Journal des Economistes,
du Dictionnaire de l'Economie politique,
du Dictionnaire universel du Commerce et de la Navigation
14, RUE RICHELIEU

1895

# PRÉFACE

En publiant, après la quatrième partie de la *Morale de la Vie sociale* déjà parue, cette cinquième et cette sixième partie, il m'est donné de terminer le second volume de mes *Principes de Morale;* il y a quelques années, je n'espérais plus arriver si loin. Cependant ma satisfaction n'est pas complète, car je prévois que ces parties nouvelles ne répondront pas à l'attente générale. La Doctrine de l'Évolution n'a pas été pour moi un guide aussi sûr que je le pensais, et la plupart de mes conclusions, obtenues par voie empirique, sont de celles qu'auraient pu élaborer des hommes doués de sentiments droits et d'une intelligence cultivée. En dehors de quelques sanctions générales auxquelles je me réfère indirectement, le lecteur rencontrera tout au plus quelques conclusions d'origine évolutionnaire éparses ou plus particulièrement rassemblées dans les derniers chapitres ; elles viennent s'ajouter aux conclusions ordinaires, mais elles en diffèrent parfois.

J'aurais dû prévoir ce résultat. La règle exacte des activités d'un être aussi complexe que l'homme, vivant dans des conditions aussi complexes que celles de la vie à l'état de société, ne se prête évidemment pas à des conclusions également définies dans toute l'étendue de sa juridiction. La division la plus simple — la conduite privée — dépend déjà naturellement en partie de la nature de l'individu et des circonstances où il est placé ; tout ce qu'il est possible de faire, c'est de prescrire des règles approximatives. Une compensation judicieuse entre les exigences auxquelles il faut satisfaire, et les extrêmes qu'il faut éviter, sera seule le plus souvent capable de nous guider.

Dans la première grande division de la conduite publique — la Justice — nous avons pu à la vérité formuler des conclusions d'une précision remarquable. C'est que fort heureusement la conception de l'équité ou de l'égalité domine la partie importante de la Morale, qui traite des justes rapports à établir entre les individus, sans tenir compte de leur nature, ni des circonstances ; l'idée de *mensuration* y a son mot à dire et nos déductions acquièrent de la sorte un caractère quantitatif qui les rapproche des sciences exactes. Mais si, quittant la catégorie importante des injonctions, qui en leur qualité de base d'une coopération sociale harmonieuse, sont impératives, nous abordons les deux divisions restantes, la bienfaisance négative et la bienfaisance positive, nous entrons dans une région où les complexités de la conduite privée se mêlent aux complexités de ses rapports avec la conduite non moins complexe des autres hommes, question qui comprend des problèmes pour la solution desquels aucune espèce de mesure ne vient à notre secours. Leurs éléments sont nombreux et variables. Ce sont les effets immédiats et les effets lointains de l'action sur le bienfaiteur et sur le bénéficiaire, sur les personnes qui vivent dans leur dépendance et sur la société elle-même. Aucun de ces effets n'est fixe ou susceptible d'être mesuré; nos conclusions étant de nature empirique, ne seront que des approximations de la vérité.

En plus d'une certaine harmonie générale résultant de l'application du raisonnement évolutionnaire, le contenu de la cinquième et de la sixième partie de mes *Principes de Morale* ne méritera donc l'attention qu'aux trois points de vue suivants. En premier lieu on trouvera dans chaque partie, exposées avec précision, les exigences et les limites multiples, dont il faut tenir compte : nous contribuerons ainsi à la formation de jugements bien équilibrés. En second lieu, ce traitement méthodique conférera une certaine cohésion aux idées confuses et souvent contradictoires, qui règnent au sujet de la Bienfaisance et qui sont encore comme dispersées à tous les vents. En troisième lieu, le corps cohérent de doctrine, auquel nous arriverons, fournira une règle à plusieurs catégories de la conduite, dont la morale, telle qu'on l'entend d'ordinaire, ne s'est pas préoccupée.

H. S.

Londres, avril 1893.

# LA
# BIENFAISANCE
## NÉGATIVE

# CHAPITRE PREMIER

## DES DIFFÉRENTS GENRES D'ALTRUISME

§ 387. — J'ai consacré un ouvrage antérieur de cette série — les *Principes de Psychologie* — à démontrer que toutes les opérations intellectuelles peuvent se ramener en dernière analyse à des perceptions de ressemblances et de dissemblances, accompagnées d'un groupement mental des éléments semblables et d'une mise à part des éléments dissemblables. J'ai montré que le procédé intellectuel ainsi analysé constitue une différenciation par la perception et par la pensée des impressions que produisent sur nous les objets et les activités, qui nous environnent, ainsi qu'une intégration en une conception générale de chaque série d'impressions semblables ; le résultat étant la formation d'autant de conceptions générales différentes qu'il y a d'objets, d'actes ou de groupes combinés de ces derniers que le type particulier d'intelligence est capable de distinguer. Dans ses phases inférieures, ce procédé est celui d'une classification inconsciente, qui par de nombreux degrés s'élève à la classification consciente en usage chez les hommes de science.

M. le professeur Bain en particulier et avec lui quelques autres penseurs ont donné le nom de *discrimination*[1] à l'acte mental qui nous permet de classer à tout instant et d'une manière trop rapide pour être observée, les actions et les objets environnants qui nous frappent, et de régler en conséquence notre conduite. C'est par voie de *discrimination* que s'opère tout acte intellectuel ; c'est par un accroissement continu de la faculté de *discriminer* que l'intelligence humaine s'est élevée du plus bas au plus haut échelon. La raison en est claire : pendant tout le cours de l'évolution vitale et à travers toutes ses formes, la pratique, l'habitude et la survie des mieux adaptés ont poussé au développement de cette faculté, puisque, appliquée à propos, elle constituait un moyen de salut, tandis que son absence était une cause de perte de la vie. Notons quelques exemples caractéristiques de ce développement.

Regardez le ciel, fermez les yeux et faites passer votre main devant eux : vous distinguerez l'absence de la présence d'un objet opaque interposé. Qu'un objet soit présenté devant vos yeux fermés par une autre personne, vous ne pourrez pas à l'état passif dire si c'est une main, un livre ou une motte de terre,

---

[1] Ou faculté de classer, de discerner, du latin *discrimen*, séparation. Le substantif *discrimination* et le verbe *to discriminate* font en anglais partie du langage usuel. (*Note des Traducteurs.*)

si c'est un objet rapproché d'un petit volume ou un objet éloigné plus volumineux. Cette expérience nous fournit l'image de la *discrimination* visuelle la plus réduite, telle que l'effectuent les êtres inférieurs possédant seulement des yeux rudimentaires et composés de minimes parcelles de substance colorée légèrement sensible à l'impression de la lumière. Il va de soi qu'un être doué d'une vue aussi rudimentaire court de grands dangers ; il ne parvient pas à distinguer entre l'observation du mouvement d'un roseau plongé dans l'eau qu'il habite et celle produite par le passage d'un animal ; il ne sait si elle est produite par le passage à proximité d'un animal de petite taille, ou par celui d'un animal plus grand passant à distance ; il ignore si cet animal est inoffensif et susceptible de lui servir de proie ou s'il est redoutable et doit être évité. L'un des moyens de maintenir la vie fait défaut ; l'être en question est exposé à la perdre de bonne heure.

Franchissant les degrés intermédiaires, observons chez les herbivores les conséquences de la présence ou de l'absence de la faculté de classer les espèces et les propriétés différentes des plantes. L'apparence, l'odeur, le goût détournent tel animal d'une herbe vénéneuse ; tel autre aux sens moins affinés l'absorbe et meurt. A mesure que l'intelligence se développe, elle sépare les groupements complexes d'attributs d'autres groupements semblables sous bien des rapports ; une faculté de classer plus accentuée assure la survie, par exemple lorsqu'elle parvient à distinguer entre l'aconit qui donne la mort et l'inoffensif pied-d'alouette.

Des êtres d'une intelligence relativement supérieure ont, à moins d'encourir des pénalités très fortes, à distinguer entre des groupes d'attributs d'une complexité toujours croissante. Souvent la forme, la couleur et les allures d'un animal éloigné doivent être mentalement rassemblés et fournir la perception, soit d'un ennemi, soit d'un animal inoffensif aux apparences peu différentes ; c'est cette perception qui déterminera ou la fuite ou une poursuite heureuse.

§ 388. — Les êtres capables d'apprécier les différences existant, non seulement entre des objets perçus ou se présentant directement à l'observation, mais aussi entre des objets conçus ou imaginés, arriveront à posséder la faculté de discerner à un degré bien plus élevé. Parfois les animaux supérieurs possèdent ce degré de faculté mentale ; tel le chien, qui, s'étant en idée rendu compte de la différence de longueur entre le chemin qui contourne un champ et le sentier qui le traverse, se décide pour ce dernier. Mais en général, la capacité de distinguer entre des groupements imaginaires de choses, de propriétés et de rapports, se manifeste uniquement chez l'homme. Même chez les hommes, cette faculté est parfois mise en défaut, tantôt à cause de l'inexactitude des observations recueillies, tantôt à cause d'une aptitude imparfaite à se figurer les objets observés. Revenons à l'aconit et au pied-d'alouette cités plus haut. La majorité, même des propriétaires de jardins, ne parviendra pas à comparer les idées qu'elle a de ces plantes de façon à pouvoir énumérer leurs points de dissemblance. Et cependant la structure de leurs fleurs n'est pas la même, quoique ces plantes se rapprochent d'ailleurs par leurs dimensions, leur mode de croissance, leurs feuilles profondément découpées, la nuance des fleurs, etc. Les ayant sous les yeux, les mêmes gens ne s'y tromperaient pas.

Puisque les esprits, qui ont été seulement assujettis à une discipline moyenne, hésitent entre les images qu'ils se forment d'objets d'un degré de complexité modéré, ils réussiront encore moins à séparer par la pensée des groupes d'attributs, de propriétés et d'actes unis par des rapports d'une complexité extrême. Ils échoueront de même si plusieurs des éléments du groupe étant coexistants, d'autres se présentent dans un ordre de succession; si les groupes d'idées à distinguer comprennent non seulement des formes, des couleurs, des mouvements, des sons et des sensations déjà éprouvées par l'auteur du groupement, mais encore les effets immédiats et les effets futurs, qui résulteront d'un mode particulier d'activité. Toutes les fois que les combinaisons d'idées qu'il faut simultanément garder présentes à l'esprit, atteignent ce degré de complication, les intelligences les plus cultivées seront exposées à confondre des groupes similaires sous plus d'un rapport, mais qui différeront par quelque point essentiel. Nous allons en voir des exemples.

Prenons le problème de géométrie, qui consiste à élever une perpendiculaire à l'extrémité d'une ligne droite. Un maître routinier indiquera à son élève la solution du problème et lui montrera comment il doit s'y prendre ; celui-ci tracera la perpendiculaire d'après ce qu'on lui dit et, sans s'intéresser autrement à la méthode suivie, s'y conformera à l'avenir. Mais un autre professeur, adversaire de cet enseignement mécanique, suivra une méthode différente. Préparé par des problèmes antérieurs et plus simples qu'il a un à un résolus grâce à des efforts persévérants, l'élève aborde le nouveau problème avec entrain : après quelques tâtonnements, il ne tarde pas à réussir. Chemin faisant la tension qu'il s'est imposée et la joie d'être arrivé au but produisent sur son esprit une impression relativement forte. De la sorte l'élève acquiert une aptitude et un courage croissants, qui lui permettent de s'attaquer peu à peu à des problèmes plus compliqués. Nous constatons ici l'existence de deux groupes d'activités, de résultats et de sentiments semblables sous bien des rapports. Le problème, la méthode de solution, la connaissance acquise sont les mêmes ; s'arrêtant à ce point, le professeur machinal ne distingue pas entre les deux groupes d'activités mentales et pense qu'il importe peu d'instruire l'élève par voie d'instruction directe ou par voie de découvertes résultant de ses recherches personnelles.

Les Salutistes et leur armée nous fournissent un autre exemple de cas plus complexes encore. Les habitants d'Eastbourne se sont plaints du fracas des orchestres bruyants qui précèdent les cortèges de ces chrétiens démonstratifs ; ceux-ci répondent qu'ils se contentent d'user de la liberté religieuse, que nul ne conteste de nos jours ; c'est que la faculté de discerner leur fait défaut. Ils oublient que si le respect de la liberté religieuse autorise tout citoyen ou tout groupe de citoyens à accomplir les cérémonies de son culte, le respect de la liberté générale des citoyens individuels ou rassemblés en groupes, autorise ceux-ci à résister au trouble apporté au cours paisible de leur existence. Les Salutistes ne parviennent pas à séparer mentalement les manifestations de la liberté religieuse qui n'impliquent aucun empiétement sur la liberté d'autrui, des manifestations qui en impliquent sous forme de nuisances. Mieux encore ; nos législateurs commettent la même erreur que ces fanatiques et confondent comme eux la liberté et la licence religieuses, à supposer qu'ils agissent sincèrement et sans arrière-pensée électorale.

Empruntant un exemple de plus à la politique du jour, je signale l'impuissance de nos législateurs et de leurs électeurs à distinguer entre les effets que produisent les injonctions morales sur les natures préparées à les recevoir et sur celles qui ne le sont pas. Voici une série de préceptes qu'on imprime, lit, explique et s'efforce d'inculquer aux esprits de jeunes enfants ayant leurs groupes d'idées, de facultés mentales et de sentiments. La présomption courante est celle-ci : puisque certains effets se produisent quand existe la perception intellectuelle de ces préceptes *plus* une disposition morale correspondante, ils se reproduiront encore quand existe la même perception intellectuelle *moins* la disposition morale correspondante. On s'imagine qu'il suffit d'enseigner le bien aux enfants pour que ceux-ci le pratiquent ! On attend une diminution de la criminalité de l'éducation, que dis-je ! de la simple acquisition de connaissances, qui n'ont aucun rapport avec la conduite !

La faculté de discerner caractérise l'intelligence à partir de ses formes les plus vagues, mais certes elle est encore très imparfaite chez nous quand il s'agit de distinguer, non plus entre des objets et des actes visibles, mais entre des représentations mentales d'agrégats complexes d'objets, d'actes, de sentiments, de causes et d'effets, dont les uns appartiennent au passé et les autres à l'avenir. Si nous nous rendons compte de l'effort d'imagination indispensable pour noter exactement les différences dont fourmille ce vaste et obscur domaine, nous serons convaincus qu'en sociologie et en morale, les échecs, dus au manque de faculté *discriminatoire*, doivent être fréquents et désastreux.

§ 389. — Mais à quoi bon, dira-t-on, cette longue dissertation psychologique ? Le titre du chapitre : *Des différents Genres d'Altruisme* répond à l'avance à cette objection, car il implique qu'il faut distinguer entre les parties de la conduite altruiste. L'analogie nous a démontré que les conceptions propres à ces parties respectives et formées de représentations d'objets, d'actes, de rapports et de résultats présents et futurs, sont au nombre des agrégats complexes qu'il est malaisé de classer. Cette démonstration a pour corollaire que les hommes doués du talent d'observation, de sens critique et de la faculté de représentation mentale possédée à un degré supérieur, sont seuls aptes à tracer d'une main sûre les lignes de démarcation nécessaires et que des maux très graves doivent résulter de l'incapacité générale de les apercevoir.

Par opposition aux actions égoïstes, les actions altruistes comprennent toutes les actions, qui tant négativement par contrainte de soi que positivement par l'activité déployée en faveur des autres hommes, tendent au bonheur de ceux-ci : elles comprennent la justice et la bienfaisance. Nous avons vu dans *Justice* que la première de ces grandes catégories de l'altruisme implique la reconnaissance sympathique des titres d'autrui à la libre activité et à ses fruits, tandis que la seconde implique à la fois la reconnaissance sympathique des titres d'autrui à l'assistance pendant le travail producteur de ces fruits et celle des efforts faits en vue d'un accomplissement plus complet des existences humaines. Au § 54 de la *Morale Evolutionniste*, j'ai établi que le règne exclusif de la justice ne suffit pas pour assurer le développement de la forme de vie, individuelle ou sociale, la plus haute ; il faut y joindre le règne de la bienfaisance. Voici en partie ce que je disais :

On peut concevoir une société formée d'hommes dont la vie soit parfaitement inoffensive, qui observent scrupuleusement leurs contrats, qui élèvent avec soin leurs enfants et qui cependant, en ne se procurant aucun avantage au delà de ceux dont ils sont convenus, n'atteignent pas à ce degré le plus élevé de la vie, qui n'est possible qu'autant que l'on rend des services gratuits. Des expériences journalières prouvent que chacun de nous s'exposerait à des maux nombreux et perdrait beaucoup de biens, si personne ne nous donnait une assistance sans retour. La vie de chacun de nous serait plus ou moins compromise s'il nous fallait sans secours et par nous seuls affronter tous les hasards. En outre, si personne ne faisait rien de plus pour ses concitoyens que ce qui est exigé pour la stricte observation d'un contrat, les intérêts privés souffriraient de cette absence de tout souci pour les intérêts publics. La limite de l'évolution de la conduite n'est donc pas atteinte jusqu'à ce que, non content d'éviter toute injustice directe ou indirecte à l'égard des autres, on soit capable d'efforts spontanés pour contribuer au bien-être des autres (*p. 127 de la trad. fr.*).

La démarcation nette entre ces deux divisions primaires de l'altruisme s'est lentement opérée dans le passé et notre époque était parvenue à distinguer suffisamment entre la justice et la générosité. Toutefois les changements qui s'opèrent autour de nous, tendent de nouveau à l'oblitérer : le travail de dissolution qui détruit l'ordre ancien pendant qu'un ordre nouveau s'élève, a entraîné la dissolution des conceptions anciennes, dont plusieurs étaient erronées, mais dont quelques-unes étaient exactes. Parmi celles-ci je signalerai la distinction entre la justice et la bienfaisance. D'un côté la majorité avide de bien-être, de l'autre la minorité désireuse de le lui procurer, se sont entendues en pratique pour ne tenir aucun compte de la démarcation entre ce que l'on peut réclamer en vertu de droits et ce que l'on peut accepter sous forme de bienfaits ; l'effacement de cette distinction fait confondre les moyens propres à atteindre chacun de ces deux objets. Une philanthropie égarée et ne supportant aucune critique détruit à coups de législation improvisée les rapports, qui doivent exister entre la conduite et ses conséquences ; bientôt la générosité évincera la justice, distribuera les bénéfices sans tenir compte des mérites et nous vivrons dans un état, qui aura pour devise : « Les inférieurs seront traités sur le même pied que les supérieurs. »

§ 390. — Des deux grandes divisions de l'altruisme, la Justice et la Bienfaisance, l'une est indispensable à l'équilibre social et par conséquent d'intérêt public, l'autre n'est pas nécessaire à cet équilibre et n'affecte par conséquent que les intérêts privés. Les motifs, qui obligent de les tenir séparées, sont les suivants.

Nous avons reconnu que dans toute l'étendue du règne animal, la justice, sous sa forme primordiale, exige que chaque être supporte les conséquences de sa conduite et que cette loi n'est sujette à aucune restriction pour les animaux vivant à l'état isolé.

Elle manifeste une nouvelle exigence aussitôt qu'entre en jeu l'instinct grégaire, particulièrement au degré où il se déploie parmi la race humaine. Comme précédemment, le rapport entre la conduite et ses conséquences doit être maintenu afin que les activités se plient aux restrictions dictées par l'expérience, mais les activités ont en outre à se limiter de façon à ce que les empiétements de chaque citoyen sur les autres citoyens ne dépassent pas la somme d'empiétements réciproques qu'implique la vie à l'état de société.

Néanmoins le passage de la *Morale Évolutionniste* que je viens de reproduire, nous montre que pour que la vie, individuelle et sociale, s'élève à sa forme la plus haute, il faut laisser agir la loi secondaire prescrivant, non seulement l'échange des services prévus par contrat, mais encore un échange supplémentaire qu'aucun contrat n'a imposé. Les exigences de l'équité doivent avoir pour complément les inspirations de la bonté.

Nous arrivons ainsi à constater — j'y ai déjà fait allusion, mais il importe d'insister — que la loi primaire d'une coopération sociale harmonieuse ne peut pas être violée en faveur de la loi secondaire; la défense de la justice étant une fonction sociale, l'exercice de la bienfaisance sera donc une fonction privée. Un moment de réflexion rendra cette proposition évidente.

Comment opère la bienfaisance exercée par une société en vertu de sa capacité collective ? Elle prend à certaines personnes une partie des fruits de leur activité et la distribue à d'autres, que leur activité n'a pas pourvues en suffisance. Si cette société emploie la force, elle rompt le rapport normal entre la conduite et ses conséquences, tant pour ceux à qui elle prend que pour ceux à qui elle donne : la justice, telle que nous l'avons définie, se trouve violée. Le principe de la coopération sociale harmonieuse est méconnu ; poussés à l'excès, cette violation et ce dédain préparent des catastrophes. Il en est trois que nous examinerons séparément.

§ 391. — On dépouille les hommes supérieurs d'avantages qu'ils ont gagnés afin d'en doter les hommes inférieurs. Il est manifeste que si ce procédé est poussé au point d'égaliser les positions, la supériorité perd sa raison d'être. Bien longtemps avant qu'on en soit arrivé à cette extrémité, les hommes laborieux, se voyant dépouillés du surplus du fruit de leur travail, se laisseront aller à un découragement croissant ; ils éprouveront un mécontentement de plus en plus intense tendant constamment à une révolution. L'État déclinera ; sa prospérité et sa stabilité iront en diminuant.

Il faudra en outre nous attendre à une lente dégénérescence, physique et mentale. Une philanthropie irréfléchie prend aux bons citoyens une partie de leur subsistance afin de relever d'autant celle des mauvais ; les bons, dont la plupart n'ont pas le nécessaire pour élever convenablement leur famille, verront se creuser leur déficit, tandis que la progéniture des mauvais citoyens sera artificiellement développée dans une même proportion. Cet état de choses déterminera une détérioration de la moyenne.

Il me reste à citer un résultat plus désastreux encore : cette politique, poursuivie avec persistance, doit aboutir au communisme et à l'anarchisme. Quand la société, en vertu de sa capacité collective, s'attribue la fonction de la Bienfaisance, quand, tantôt d'un côté, tantôt de l'autre, des préceptes appuyés sur des exemples viennent enseigner aux citoyens inférieurs qu'il est du devoir de l'État de leur assurer, non seulement la libre poursuite du bien-être, mais encore les moyens d'y arriver, il se forme petit à petit parmi les plus pauvres et surtout parmi les moins méritants, la conviction que le gouvernement est en faute toutes les fois qu'ils n'ont pas toutes leurs aises. Ils attribuent leur misère, non pas à leur paresse ou à leurs méfaits, mais à la dureté de la société, qui ne s'acquitte pas de son devoir envers eux. Que s'ensuit-il ? Les masses prennent pour théorie que l'ordre social doit être changé à fond, que tous doivent recevoir une part égale des produits du travail et que les différences de rémunération allouées aux différences de mérites doivent être abolies : c'est le communisme. Parmi les pires, furieux de ce que leur existence déréglée ne leur procure pas de quoi satisfaire tous leurs appétits, se propage la doctrine que la société doit être détruite, que chacun est libre de prendre ce qui lui convient et de « supprimer », comme disait Ravachol, tout homme qui lui barre le chemin. C'est l'anarchisme et le retour à la lutte bestiale pour la vie.

Tel est le résultat final quand on ne distingue pas la justice, entre la bienfaisance et les instruments appropriés à chacune d'elles.

§ 392. — Nous arrivons à une question, présente sous des dehors vagues à l'esprit de bien des gens ; elle réclame une réponse nette de nature à dissiper d'une autre manière la confusion régnante. Je l'exposerai sous sa forme la plus favorable aux illusions que je m'efforce de détruire.

« Vous dites que, selon la forme primordiale de la justice, tout être doit rester assujetti aux résultats de sa propre nature et de la conduite qui en découle. Toutefois vous ajoutez que si la justice humaine exige que les actes entraînent leurs conséquences naturelles, elle réclame aussi une délimitation de ces actes afin qu'ils n'empiètent pas sur les actes semblablement délimités d'autrui. Comme conséquence évidente, la justice animale permet à tout individu d'user de sa force au point de léser et de détruire, non seulement sa proie, mais encore ses concurrents, mais la justice humaine interdit cette conduite et défend aux hommes de léser leurs concurrents. Qu'arrive-t-il ? Protégés par la collectivité associée, les membres inférieurs sont mis en état d'accomplir leurs activités et d'en recueillir tous les bénéfices, ce qui n'aurait pas lieu si dans l'exercice de leur supériorité, elle avait affranchi les supérieurs de tout contrôle. Nous le demandons : n'est-il pas possible que sous l'empire d'une forme de justice humaine encore plus élevée, les inférieurs, déjà sauvés en partie des effets de leur infériorité, le soient encore d'une manière plus efficace, et soient mis sur un pied d'égalité avec leurs supérieurs non seulement au point de vue de leurs sphères d'activité, mais encore au point de vue des bénéfices recueillis dans ces mêmes sphères ? »

Sous certains rapports, il paraît assurément injuste, et je l'ai reconnu ailleurs, que les inférieurs restent exposés aux conséquences fâcheuses d'une infériorité, dont ils ne sont pas responsables. La Nature veille sans relâche à l'accomplissement de la lutte pour la vie avec une inflexibilité telle qu'elle a donné naissance à l'aphorisme : « La loi du développement est une loi de meurtre »; elle ne s'enquiert pas des titres du plus faible, elle n'assure même pas une arène également libre à ses activités. S'il est juste d'atténuer artificiellement pour les hommes associés cette rigueur de la Nature et d'assurer artificiellement aux inférieurs une arène ouverte à leurs activités, pourquoi la justice ne permettrait-elle pas d'aller plus loin et de les sauver de ceux des effets fâcheux de leur infériorité qui seraient susceptibles d'être artificiellement écartés?

Nous voici arrivés au point de divergence où il faut distinguer entre deux conceptions complexes, et bien marquer la différence qui existe entre la justice et la bienfaisance et celle qui en découle pour les instruments appropriés à chacune d'elles. Nous accordons que dans les sociétés humaines, non seulement la justice, mais encore la bienfaisance, sont tenues de venir largement mitiger la discipline féroce de la justice animale ayant pour unique objet la survie des mieux doués, mais nous affirmons que si la première peut s'imposer par la force, la seconde doit être abandonnée aux activités libres et volontaires. En constatant que l'Etat est tenu de veiller seulement à à la première, nous ne nions pas la nécessité de pourvoir à la seconde; notre constatation implique seulement qu'il faut y pourvoir par d'autres moyens. Il y a deux manières d'atténuer les maux résultant de l'infériorité: l'une des catégories d'atténuations est du ressort public et général, l'autre du ressort spécial et privé. En effet, n'avons-nous pas constaté que la loi primaire de la coopération sociale harmonieuse ne doit pas être violée au profit de la loi secondaire et que sa violation fréquente entraîne de terribles calamités.

§ 393. — Il est encore une raison à invoquer en faveur de la distinction qu'exige le souci de la stabilité, de la prospérité et de la santé sociales. Son maintien est seul capable de nous conserver les bienfaits réciproques de la bienfaisance, « qui bénit celui qui donne et bénit celui qui reçoit ». Toutes les fois que quelques-uns des membres supérieurs de la société adoucissent spontanément les maux que l'incapacité ou quelque autre défaut fait peser sur les inférieurs, l'exercice du sentiment de la solidarité humaine les rend meilleurs, tandis que le prélèvement imposé des fonds destinés à adoucir le sort des malheureux n'a aucune tendance moralisatrice : tout au contraire, il engendre fréquemement la démoralisation et sème des sentiments hostiles. La bienfaisance, comme la miséricorde, « succombe, suivant le mot du poète, sous l'effort ». La bienfaisance forcée n'est plus de la bienfaisance.

La bienfaisance forcée et la bienfaisance volontaire ont également des effets différents sur ceux qui en profitent. Des actes de bonté accomplis de plein gré éveillent en retour des sentiments de reconnaissance et d'affection profonde ; dans toute société comptant un grand nombre de bénéficiaires attachés à leurs bienfaiteurs, les sentiments, en haut comme en bas, subissent des influences salutaires, qui affermissent la cohésion et la stabilité sociales.

§ 394. — Ayant distingué, avec trop de détails peut-être, l'altruisme primaire que nous appelons justice, de l'altruisme secondaire que nous appelons bienfaisance, et démontré la nécessité de cette distinction, il nous reste à nous occuper des différents modes de bienfaisance. Nous commencerons par les grouper en sous-divisions.

Le premier mode de conduite bienfaisante se caractérise par la passivité en paroles ou en action au moment où l'action pourrait assurer des avantages ou des jouissances d'ordre égoïste. La morale ordinaire s'abstient d'enjoindre plusieurs formes de contrainte volontaire qu'il convient cependant de prescrire; nous les signalerons et nous nous y arrêterons. Les premières que nous ayons à considérer rentrent dans la catégorie générale de la bienfaisance négative.

Nous aurons ensuite à envisager les catégories d'actions qui seules sont comprises dans la conception ordinaire de la bienfaisance; nous les désignerons sous le nom de bienfaisance positive. Celle-ci embrasse toutes les actions qui impliquent le sacrifice au profit d'autrui d'un bien actuellement ou virtuellement possédé : sacrifice tantôt d'un effort qu'on pourrait s'épargner, tantôt du produit déjà obtenu ou du produit futur d'efforts accomplis dans le passé. Dans tout sacrifice se rencontre le fait de l'abandon d'une jouissance prochaine ou des moyens de se la procurer, bien qu'à la vérité la jouissance d'une émotion sympathique ne soit pas sans offrir des compensations immédiates ou éloignées.

Pour en finir avec ces préliminaires, j'ajouterai que ces deux groupes pourraient être l'objet d'une classification différente. Les actions bienfaisantes, tant positives que négatives, les plus frappantes, mais non les plus répandues, sont celles dont bénéficient les individus inférieurs ou infortunés ou qui sont l'un et l'autre à la fois. Mais des personnes, qui ne sont ni infortunées, ni inférieures puisqu'elles appartiennent à l'entourage du bienfaiteur, profitent en grand nombre d'une foule d'actes bienfaisants insignifiants en apparence ; ces actes contribuent à leur bonheur individuel et relèvent le niveau général du bonheur humain.

En étudiant dans l'ordre indiqué ces divisions et ces sous-divisions de la bienfaisance, nous aurons à tenir compte de la production de trois séries d'effets :

1° Les effets de la réaction sur le bienfaiteur, sur sa famille et sur toutes les personnes qui ont des droits sur lui ;

2° Les effets immédiats sur le bénéficiaire au point de vue de l'accroissement de ses jouissances ou de l'allégement de ses souffrances et les effets éloignés sur son caractère ;

3° Les effets sur la société en général, sur sa stabilité et sur sa prospérité tant éloignée qu'immédiate.

# CHAPITRE II

LA RESTRICTION DE LA LIBERTÉ DE LA CONCURRENCE

§ 395. — Outre les limites que l'Etat a pour mission d'assigner aux activités individuelles, il en est d'autres que les individus, par sympathie pour les efforts de leurs concitoyens, ont à s'imposer à eux-mêmes. En effet la lutte pour l'existence peut, sans violer les prescriptions de la loi, revêtir un caractère impitoyable analogue à celui du combat violent pour la vie. Si aucun citoyen ne doit sous ce rapport être assujetti à des restrictions externes, il en est d'internes auxquelles il est tenu de se soumettre.

Parmi tous les concurrents adonnés à une même profession, quelques-uns sont favorisés de talents qui ne sont pas échus en partage à la majorité. La stricte équité autorise les plus capables à tirer tout le parti possible de leurs talents supérieurs; cette sanction est suffisante toutes les fois qu'en plus de leur propre subsistance, ils ont à pourvoir à la subsistance de leur famille et à l'accomplissement d'autres obligations. D'ordinaire la société recueille le produit immédiat de cette mise en œuvre de facultés supérieures et des avantages éloignés dus à la vie plus large de ses meilleurs membres et de leur descendance.

Des restrictions légères à cette latitude accordée par la justice seront donc suffisantes dans ce cas, le plus fréquent au point de vue de la masse de la société composée surtout de travailleurs manuels.

§ 396. — De nos jours, des légions d'ouvriers contestent cette proposition et soutiennent la proposition opposée. Les *Trades Unions*, les chefs et les gros bataillons de l'armée socialiste, ne cessent d'exprimer avec une ardeur qui ne tolère aucune contradiction, leur conviction qu'aucun travailleur n'a individuellement le droit de faire à ses compagnons une concurrence trop pressante. Ils flétrissent comme « dénué de principes » celui qui entreprend un travail à la pièce au-dessous du cours ordinaire des salaires, celui qu'une activité diligente met à même de gagner à peu près le double du salaire usuel. Ils affirment qu'il n'a même pas le droit de tirer parti de ses talents supérieurs et de sa vigueur plus grande, pour faire face aux charges d'un ménage nombreux et donner une meilleure instruction à ses enfants : c'est à ce point que nos « avancés » ont bouleversé les vieilles idées concernant le devoir et le mérite.

Ils invoquent l'argument qu'en « battant » ainsi ses compagnons, et en gagnant davantage, cet ouvrier accapare une part proportionnelle de la demande de main-d'œuvre au détriment d'ouvriers sans emploi, et qu'en acceptant d'exécuter une tâche à un moindre coût pour le chef d'industrie, il déprime le taux des salaires : ces conséquences de sa conduite excitent les clameurs de nos néo-économistes, qui les considèrent comme des maux que rien ne vient compenser.

A l'exemple de la plupart des penseurs, qui s'occupent de questions sociales et politiques, ils n'envisagent que les résultats prochains ; ne songeant qu'au travail et au taux des salaires, ils ne se soucient pas plus des quantités produites que des prix de revient et du bien-être des consommateurs. Ils ne voient que l'intérêt des ouvriers à toucher de gros salaires et ne voient pas leur intérêt à acheter à bon marché ; ils ne paraissent pas se douter qu'un bénéfice sur le salaire peut se traduire par des pertes sur les achats. Ils dépeignent la misère des ouvriers que le bon marché du travail aux pièces prive de journées mieux rétribuées et n'attachent aucune importance au fait qu'un article produit à bon compte peut se vendre moins cher ; cependant tous les ouvriers, en tant que consommateurs, participent proportionnellement à cette réduction. Ils oublient encore que les travailleurs déplacés trouveront à s'employer dans d'autres branches de la production et cela au profit de la collectivité entière comprenant tous les autres ouvriers.

En fait, nous assistons au réveil sous une forme nouvelle de l'ancienne protestation contre les machines : ceux qu'elles affectaient directement, se plaignaient d'être dépouillés de leurs moyens de subsistance. Tout progrès, qu'il résulte d'une application du mécanisme humain ou de celle de la machine de bois ou de métal, assure une économie et supprime un travail dont jusque-là on ne pouvait se passer ; si le fait de déplacer une certaine quantité de travail doit nous faire condamner la modification du mécanisme humain qui se traduit par l'adoption du travail aux pièces et d'une rémunération plus élevée allouée à un surcroît de zèle, nous devons blâmer de même toutes les applications antérieures de la mécanique qui ont rendu la production plus facile. Celui qui substitua la charrue à la pioche, remplaça la quenouille par le métier à filer, mit la pompe à vapeur aux lieu et place de la pompe à la main et imprima aux locomotives courant sur des rails une vitesse supérieure aux chevaux trottant sur les routes, serait donc un homme sans principes. Peu importe qu'il s'agisse d'agents animés de la production ou des outils dont ils se servent : tout procédé moins dispendieux fait à la longue baisser les prix et profite à la masse de la population. L'homme prétendûment « sans principes » est un bienfaiteur de l'humanité, malgré les souffrances passagères qu'il inflige à quelques-uns de ses membres : ces souffrances passagères sont inséparable de tout progrès.

Notons toutefois le curieux renversement d'idées et de sentiments que supposent les opinions des socialistes et des ouvriers syndiqués. Pour eux, l'homme supérieur par ses talents et sa vigueur est « dénué de principes » s'il fait usage de sa supériorité, mais il est conforme aux principes que l'inférieur s'assure un avantage en empêchant le supérieur de tirer parti de sa supériorité. Il est incontestable que toutes les fois que dans une profession quelconque, la majorité des moins capables n'admet pas que la minorité des plus capables touche des salaires plus élevés et lui fasse tort par des travaux mieux exécutés ou par une somme de besogne plus considérable, la majorité incapable n'a en vue que son propre intérêt. En exigeant que les habiles et les maladroits soient payés sur le même pied, elle s'assure des salaires moyens plus élevés que si les chefs d'industrie avaient la liberté de fixer les salaires d'après le travail fourni ; en se débarrassant de la compétition dangereuse des plus habiles, elle se soustrait à l'effort et à la pression à laquelle elle aurait été soumise : dans les deux cas, isolés ou réunis, la majorité s'adjuge un avantage aux dépens de la minorité. En bonne logique, c'est cette majorité qui est « sans principes », car un homme à principes refuse de s'assurer un bénéfice en liant les mains du voisin. Si elle avait de la conscience au sens propre du mot, la majorité inférieure ne songerait pas à contraindre la minorité supérieure à réduire ses gains en s'abstenant d'user de ses talents ; elle songerait encore moins à chercher à accroître les siens par des moyens pareils. Au contraire, chacun de ses membres, tout en regrettant son infériorité relative et l'absence chez lui des talents dont la nature a doté un petit nombre d'élus, se résoudrait à tirer le meilleur parti possible de ses moindres talents ; loin de réclamer le partage des bénéfices plus grands revenant aux capacités supérieures, il proclamerait qu'il n'entend pas y toucher et se refuserait nettement à accepter ce que sa nature ne lui permet pas de produire ; il se déclarerait satisfait si les mieux doués lui assuraient des bénéfices moraux et gardaient pour eux des bénéfices matériels. Voilà le véritable homme à principes ; c'est son adversaire, qui est un homme sans principes.

Poussé dans cette voie par le sentiment de l'équité, l'homme à principes élevés y sera encore poussé plus avant par le souci éclairé des intérêts de la race. S'il est doué de la faculté de prévoir et de s'instruire par l'expérience du passé, il comprendra qu'une société ayant pour devise : « Les inférieurs seront traités sur le même pied que les supérieurs », doit inévitablement dégénérer et s'éteindre dans un état de misère et de marasme.

§ 397. — Si dans le monde industriel nous passons de la sphère du travail à celle de la direction, nous pénétrons dans une région où une délimitation de l'activité est parfois bienfaisante et nécessaire. Les avantages que sa supériorité confère à un ouvrier sont relativement minimes ; il peut légitimement se les approprier en entier, mais les avantages que sa supériorité confère au propriétaire d'une usine, peuvent être considérables et si un sentiment de sympathie ne vient pas le retenir, il pourra s'en servir pour ruiner ses concurrents. Une conscience morale rudimentaire pourra seule l'absoudre si, tout en ne faussant la loi ni directement ni indirectement, il se prévaut de l'opinion vulgaire pour exploiter ses avantages à l'extrême.

Il n'y a pas longtemps, vivait à New-York un certain Stewart ; il avait acquis une fortune colossale dans un commerce de gros et de détail installé sur une vaste échelle. Une de ses manœuvres favorites était de baisser brusquement les prix d'une certaine catégorie de marchandises et de les vendre à perte ; il faisait ainsi subir des pertes ruineuses à un grand nombre de petites maisons que souvent il faisait tomber et s'il ne ruinait pas les grandes maisons, il entravait considérablement leur négoce. D'autres fois il faisait semblant de se prendre d'amitié pour un fabricant, l'encourageait et lui faisait des avances ; puis tout d'un coup, quand ce dernier était fortement endetté, il exigeait le remboursement sur l'heure de sa créance, le faisait saisir et, à défaut de paiement, achetait à vil prix les marchandises saisies.

Ce genre de concurrence constitue un véritable assassinat commercial ; les tourments qu'il inflige le rendent plus coupable qu'un meurtre ordinaire, car les souffrances des industriels ruinés et de leurs familles sont plus terribles que celles que plus d'un assassin fait endurer à ses victimes.

Nous devons condamner ce manque absolu de bienfaisance négative, non seulement à cause des souffrances intenses qu'il sème sur sa route, mais encore au nom de la société qu'il dépouille des avantages qui résulteraient d'une concurrence normale. Certes les consommateurs bénéficient des prix non rémunérateurs auxquels les concurrents sont forcés de vendre, mais ceux-ci réduits à l'impuissance, il s'établit un monopole de fait, et le renchérissement qu'il détermine, dépasse le montant de la baisse antérieure et vient léser le public. Bref, on prend le masque de la concurrence pour la détruire.

Nous verrons plus loin que le commerçant coupable et son entourage sont aussi indirectement atteints à la longue ; en effet, ils se condamnent à un type de vie inférieur à celui auquel ils pourraient parvenir.

Acceptons donc pour des cas de cette nature le dicton populaire : « Vivez et laissez vivre » ; il renferme un fond de vérité. Le principe de la Bienfaisance négative prescrit à toute personne douée d'aptitudes commerciales supérieures ou en possession d'accumulations de capitaux, qui lui permettent de battre ses concurrents, de ralentir son activité commerciale aussitôt que ses besoins et ceux de sa famille sont largement satisfaits; de cette façon ses rivaux réussiront à satisfaire leurs propres besoins, quoique sur une échelle plus modeste.

§ 398. — Examinons la question de la concurrence au sein des professions libérales et en particulier entre médecins et avocats.

Un médecin éminent déjà pourvu d'un revenu amplement suffisant, n'est pas blâmable de donner ses conseils à tous les malades, qui se présentent, même à ceux qui ont quitté les médecins qu'ils avaient précédemment consultés. Si sa réputation est méritée, ses avis peuvent adoucir la souffrance et peut-être sauver la vie; les égards qu'il doit à ses confrères ne justifieraient pas un refus. Il a aussi le droit d'élever le taux de ses honoraires, puisque deux conséquences fâcheuses se produiraient s'il ne diminuait pas le nombre de ses malades : la cohue serait telle qu'il lui deviendrait impossible d'accorder à chacun l'attention nécessaire, et la fatigue, minant sa propre santé, le mettrait bientôt hors d'état de les soigner. Néanmoins la Bienfaisance négative peut réclamer qu'il adresse à quelques-uns de ses confrères les malades, qui sont atteints d'affections légères ou dont le traitement est tout indiqué.

Passant du cabinet du médecin à celui de l'avocat, nous constatons que, non seulement la bienfaisance négative, mais même la justice devrait imposer des bornes à la concurrence professionnelle. Le système anglais, qui permet à un avocat de se faire payer à l'avance des services qu'il rendra ou ne rendra pas, suivant ce que le hasard décidera, qui fait qu'un avocat de réputation moindre doit être retenu et payé à l'avance pour le cas où son ancien ne se présenterait pas à la barre, qui aboutit à un quasi-contrat liant la partie qui paie, mais ne liant pas celle qui doit fournir un service, ce système, dis-je, est de toute évidence un système vicieux. On répond qu'il est impossible de soumettre l'acceptation de la défense des intérêts litigieux à des restrictions dictées par les droits équitables des clients ou les égards dus aux autres membres du barreau. Au barreau, assure-t-on, il faut accepter toutes les affaires qui se présentent, ou se résigner à n'en voir venir aucune. Je me permettrai de douter de la valeur de cette éternelle excuse ; j'attends que ces pronostics aient été confirmés par une expérience décisive. Il faut une forte dose de crédulité pour croire qu'un avocat, à qui sa conscience, ou l'intérêt qu'il porte à ses confrères, ne permettrait pas d'accepter plus d'affaires qu'il ne peut en plaider, se verrait immédiatement délaissé.

Il va de soi que celui qui réduirait ainsi le nombre de ses clients refuserait les causes qu'il juge mauvaises ; le fait seul qu'il défend telle cause créerait une présomption préalable de justice en faveur de cette cause et cette présomption serait d'un grand poids auprès du jury ; il est donc difficile de comprendre comment des circonstances, impliquant une appréciation plus haute de la valeur des services d'un avocat, empêcheraient d'y avoir recours et réduiraient sa clientèle au delà de ses propres désirs.

Dans ce cas, la proportion de bienfaisance négative que suppose l'abandon de certaines affaires au profit de confrères, s'associerait aux exigences de la justice, qui interdit de se faire payer des services qu'on ne rend pas, et à l'intérêt social, qui réclame de bons avocats pour les causes justes. Elle s'associerait encore aux ménagements qu'on doit à sa santé, ménagements qui interdisent le surmenage.

§ 399. — Il me reste à parler d'une autre forme de la concurrence pour laquelle il est bien difficile d'arriver à une solution satisfaisante ; j'entends la concurrence entre l'auteur d'une découverte ou d'une invention facilitant un genre de production, et les industriels, qui continuent à se tenir aux procédés anciens.

Dans ce cas, tout en vendant à des prix inférieurs aux leurs, le premier n'a pas pour but principal, comme dans les exemples cités plus haut, de les chasser du marché, mais de procurer un avantage à l'ensemble de la société. Ainsi que je l'ai dit au § 306, il a fait une conquête sur le domaine de la nature ; inévitablement contraint de céder la plus forte part de ses profits à la collectivité, il est en droit de se réserver un profit quelque peu supérieur à celui que réalisent les procédés de production en usage avant lui. La question n'en subsiste pas moins : « Jusqu'où peut-il pousser ses avantages ? La bienfaisance négative ne doit-elle pas l'empêcher de ruiner ses compétiteurs en vendant à des prix trop bas? » Je réponds : s'il ne vend pas à des prix sensiblement plus bas, il ne procure au public qu'une part d'avantages insuffisants ; s'il ménage la minorité, il exploite la majorité.

Je ne vois pour lui qu'un seul moyen de consulter à la fois le bien-être de la collectivité, de maintenir ses justes droits à une récompense méritée et de ménager d'une manière convenable les intérêts des co-producteurs qu'il ne peut s'empêcher de léser ou d'évincer. Qu'il leur offre l'emploi de son invention moyennant une redevance modérée ou qu'il leur donne sa représentation pour la vente de ses produits ; cette alternative leur assurera un avantage marqué sur tous ceux qui s'en tiendraient au procédé ancien, et parviendra à alléger, sinon à réduire à néant, le tort qu'il a pu leur causer.

§ 400. — Je crois superflu de m'étendre davantage sur les restrictions qu'en matière de concurrence la Bienfaisance négative vient ajouter à celles que prescrit déjà la justice. Au milieu d'une population qui dépasse les moyens de subsistance, au milieu de luttes ayant pour objet de s'élever sur l'échelle sociale afin d'arriver entre autres choses à donner une meilleure éducation à ses enfants, il surgit une foule de cas où de grands talents naturels, les circonstances ou le hasard procurent à quelques-uns des avantages considérables sur les autres membres de leur profession. Il appartient au jugement individuel d'écouter la voix de la sympathie et de décider jusqu'à quel point ces avantages peuvent être poussés.

L'abstention de certaines activités d'ailleurs profitables et légitimes peut être de nature à favoriser nos concurrents. Pour répondre à la question de savoir s'il convient de les favoriser de la sorte, il faut nous demander si nous avons suffisamment pourvu à nos propres besoins et à ceux de notre famille et si le bien-être de nos concurrents, comme celui de l'ensemble de la société, n'exige pas notre retraite.

# CHAPITRE III

## LA RESTRICTION DE LA LIBERTÉ DES CONTRATS

§ 401. — La société n'est pas à blâmer lorsqu'en vertu de son autorité collective elle impose l'exécution littérale des contrats ; elle l'est au contraire lorsqu'elle tolère de propos délibéré leur violation ou va jusqu'à les violer elle-même. Que voyons-nous tous les jours ? Après que des maisons donnant sur des rues tranquilles et peu passagères ont été louées fort cher, elle laisse transformer ces rues tranquilles en voies bruyantes et encombrées ; le Parlement vote des lois modifiant les conditions qu'il a ratifiées et sur la foi desquelles on a acquis des propriétés obérées, ou bien il accorde à une majorité des deux tiers le droit d'étendre à un objet non prévu des entreprises commerciales, dont l'objet primitif avait été nettement circonscrit.

Il faut donc que les lois sanctionnent la stricte interprétation des contrats, hormis, comme nous l'avons vu, le cas où un homme se dépouillerait par contrat de sa propre liberté. La nécessité de cette rigueur saute aux yeux, car si, obéissant à des considérations de bienveillance pour les parties en défaut, les tribunaux s'habituaient systématiquement à s'en départir, les contractants compteraient sur cette bienveillance et s'engageraient à la légère, espérant, en cas d'insuccès, être exonérés des conséquences les plus dommageables de leur défaut de réflexion.

Mais s'il n'appartient pas à l'État de relâcher les liens du contrat ou d'en atténuer les résultats désagréables, les contractants sont libres d'en mitiger volontairement les effets. La Bienfaisance négative peut prescrire l'abandon total ou partiel des clauses d'un contrat, qui interprété à la lettre confère des avantages excessifs. Les exigences impitoyables des propriétaires fonciers vis-à-vis de leurs tenanciers, particulièrement en Irlande, nous fournissent de nombreux exemples d'une absence de scrupules qui abuse de titres fondés sur des contrats. Quand un labeur opiniâtre a fertilisé et mis en valeur quelque stérile lande pierreuse ou tourbeuse, prise à bail à un prix modéré et pour un temps relativement court, il n'est pas rare de voir, à l'expiration du bail, le propriétaire mettre son industrieux tenancier en demeure d'opter entre l'abandon de sa tenure ou le paiement d'un fermage augmenté dans la proportion considérable de la plus-value conférée au sol par son propre travail. Le contrat de fermage n'ayant pas prévu ce résultat désastreux, la loi n'a rien à dire, mais un propriétaire accessible au sentiment de la bienfaisance négative s'abstiendrait d'exploiter la situation difficile de son tenancier et admettrait que ce que nous appelons la bienfaisance négative lui prescrivît de respecter et d'écouter les exhortations de la justice naturelle, distincte de la justice légale.

Il en est de même pour les *crofters* de l'île de Skye en Écosse. La conclusion des contrats y est nominalement libre, mais elle ne l'est pas en réalité, puisque l'absence de propriétaires rivaux confrère au propriétaire unique le pouvoir absolu de poser ses conditions et que les habitants n'ayant pas la ressource de s'adonner à un autre métier et trop pauvres pour subvenir aux frais d'une émigration, sont contraints, sous peine de mourir de faim, de passer sous ses fourches caudines. Quand les conditions d'un échange équitable de services font défaut, c'est aux inspirations de la bienfaisance négative à suppléer celles de l'équité réduites à l'impuissance. Le propriétaire doit alors s'abstenir d'actes que la loi positive est impuissante à prévenir.

Dans d'autres cas, qui nous sont plus familiers, nous voyons la sympathie réclamer, et souvent obtenir, l'abandon partiel des clauses d'un contrat. Pendant ces dernières années de crise agricole, les conditions des baux ont été, conformément aux suggestions de la bienfaisance négative, volontairement adoucies dans une foule de cas. Les propriétaires ont fait remise d'une partie des fermages aux tenanciers appauvris par des récoltes, dont le déficit entraînait des pertes d'une gravité impossible à prévoir lors de la signature du bail.

§ 402. — Dans les rapports d'affaires, plusieurs catégories de cas semblables donnent lieu à des compromis entre l'intérêt personnel et la condescendance pour autrui, conseillant le désistement d'actes que la stricte justice n'interdit pas. Nous en citerons trois exemples.

Un éleveur possède de nombreux troupeaux de bétail; à la fin d'une longue période de sécheresse et n'ayant pas de quoi les nourrir, il ne peut les vendre qu'avec une forte perte, puisque les autres éleveurs sont aussi mal partagés que lui. Un de ses voisins a de fortes réserves de fourrages. Que fera ce voisin? S'il abuse de sa situation privilégiée, ou bien il imposera de grosses pertes à l'éleveur malheureux et l'acculera à la nécessité de vendre son bétail à vil prix, ou bien il l'appauvrira pour de longues années en l'astreignant à une énorme dépense de fourrage. Il est clair que la bienfaisance négative lui prescrirait de modérer ses exigences.

Prenons un autre exemple. Un entrepreneur s'est engagé à exécuter des travaux considérables — mettons une profonde tranchée pour un chemin de fer ou un tunnel long d'un mille ou deux — à des conditions, qui, tenant compte des éventualités ordinaires, lui laissent un bénéfice équivalent à la moyenne. Au moment de l'acceptation du cahier des charges, nul ne soupçonnait l'existence dans la colline d'un vaste soulèvement de rocher ; l'entrepreneur ne prévoyait que des travaux de terrassement et se voit forcé de faire jouer la mine. Que faire ? S'il ne dispose pas de gros capitaux, la stricte exécution du contrat le ruinera ; s'il en dispose, il subira une forte perte au lieu de réaliser un bénéfice. Je soutiens que la simple justice, sinon telle qu'elle est légalement formulée, du moins telle qu'elle doit être rationnellement interprétée, réclame un adoucissement des clauses du contrat ; en effet, l'intention des parties étant d'arriver à un échange de bénéfices, la bienfaisance négative, s'exprimant par une renonciation aux voies de rigueur qu'autorise la loi, réclame cet adoucissement avec plus d'insistance encore. Néanmoins elle ne doit évidemment intervenir que si l'éventualité défavorable dépasse notablement le cadre des prévisions raisonnables.

Pendant une période de gêne causée par une crise commerciale, un commerçant, dont le crédit chez son banquier est épuisé, doit faire face à une échéance imminente et s'adresse à un capitaliste dans l'espoir de négocier un emprunt garanti par les marchandises qu'il a en magasin. Il dépend du capitaliste de stipuler des conditions impitoyables ou des conditions douces, de se contenter d'un gain modéré ou, exploitant la détresse de l'emprunteur, de refuser son concours si ce n'est à des conditions entraînant des pertes immenses et peut-être la faillite définitive. Une modération que recommande la sympathie, serait assurément opportune.

Puisque, dans ces trois cas, la volonté des deux contractants est restée libre, l'insistance à imposer des conditions d'une dureté ruineuse ne peut être assimilée à une action injuste ; toutefois nous sentons que les injonctions de la bienfaisance négative ne le cèdent guère en rigidité à celles de la justice. Quoique dans le premier et le troisième cas, Shylock ne serait pas en droit de couper sa livre de chair en vertu d'un contrat antérieur, il serait en droit de le faire en vertu d'un contrat auquel sa victime ne peut pas se soustraire ; dans les deux cas, le strict accomplissement du contrat la saignerait à mort.

Ajoutons que non seulement le souci sympathique de la prospérité d'autrui, que nous désignons sous le nom de bienfaisance négative, mais encore le souci de la prospérité publique, interdit l'absence de scrupules en matière d'exécution des contrats, même quand la justice ne l'interdit pas. Toute exigence qui ruine inutilement des personnes exerçant honorablement leur profession, ébranle l'organisation sociale.

§ 403. — Les conventions entre patrons et employés, entre les hommes qui cèdent leurs services et ceux qui les achètent, embrassent une sphère plus étendue encore, où les exigences de la justice doivent se tempérer et se soumettre aux exigences de la bienfaisance négative.

Jusqu'à quel point un patron peut-il tirer parti de la concurrence d'ouvriers, qui s'offrent en nombre bien supérieur aux besoins de l'industrie et dont quelques-uns sont réduits à choisir entre des salaires infimes et la misère ? Question plus difficile à résoudre qu'elle ne le paraît au premier abord, car elle se complique de questions autres que l'adoucissement de la justice par la bienfaisance négative. Les gens qui souvent blâment en termes énergiques les patrons qui ne paient que les salaires du marché, pensent exclusivement aux ouvriers engagés et oublient les ouvriers condamnés au chômage. Cependant il est évident qu'en présence d'une offre surabondante de main-d'œuvre, le patron payant des salaires supérieurs aux cours du marché, rejette *ipso facto* les demandes d'embauchement d'ouvriers qui se contenteraient de salaires inférieurs ; ce qui revient à dire que les plus nécessiteux doivent se passer d'un ouvrage confié à ceux dont les besoins sont moindres et qui n'accepteraient pas une paie aussi réduite. Les salaires payés aux moins éprouvés ne doivent pourtant pas nous faire oublier la détresse cruelle des plus éprouvés ; nous devons, semble-t-il, nécessairement admettre que cette libéralité qu'on vante, n'envisage que les résultats immédiats et rend plus intense la misère des ouvriers les plus misérables afin d'alléger la misère de ceux qui sont moins à plaindre.

Cette conduite peut avoir d'autres résultats funestes. La concurrence acharnée dans toutes les branches de l'industrie réduit souvent la marge des profits dans une proportion telle qu'un accroissement notable du prix de revient résultant de salaires élevés rend l'industriel, qui les paie, incapable de se soutenir. La faillite n'épargne même pas les manufacturiers qui économisent autant que possible sur le taux des salaires et attend inévitablement ceux qui ne le font pas. Celui dont les capitaux dépassent de beaucoup ses besoins immédiats, pourra se montrer généreux pendant quelque temps ; à la longue lui aussi s'exposera à la faillite. Si l'on m'objecte qu'il pourrait, pendant les périodes de prospérité, répartir son surcroît de bénéfices entre ses ouvriers, je réponds qu'une catastrophe le guette s'il adopte comme règle cette manière d'agir. Après avoir réalisé de gros bénéfices pendant une période prospère, un patron est souvent obligé en temps de stagnation de travailler à prix coûtant ou même à perte afin d'utiliser son personnel et de maintenir son matériel en activité, ce qui serait impossible s'il n'avait pas accumulé de réserves pendant ses jours de prospérité.

Constatons encore ce fait négligé ou passé de parti pris sous silence par les fauteurs d'antagonisme entre ouvriers et patrons : une hausse générale des salaires ne sert de rien si elle est accompagnée d'une hausse simultanée du prix des produits. Les membres de chaque syndicat isolé ne voient que leurs intérêts exclusifs comme producteurs et l'avantage qu'ils retirent des salaires plus élevés qu'ils imposent aux patrons, mais ils oublient que toutes choses égales les prix des articles spéciaux qu'ils produisent, devront monter proportionnellement sur le marché. Ils oublient que si les autres syndicats font de même, les prix des articles que chacun produit en particulier, en feront autant ; ils oublient que la masse des producteurs, autrement dit les classes populaires en général, constitue le gros des consommateurs pour les principales denrées et qu'elle aura à payer des prix plus élevés pour tout ce qu'elle achète. Une étude d'ensemble nous révèle que les facteurs du problème sont les suivants :

1° Une certaine quantité de travail fournie par tous les travailleurs ;

2° Une certaine quantité de capital représentée par le matériel, les approvisionnements de matière première et les produits fabriqués en magasin ;

3° Une certaine proportion de travail cérébral réglant le travail et veillant aux opérations financières de l'achat et de la vente ;

4° La production d'une certaine quantité de produits qui d'une manière quelconque devra se répartir entre tous les membres de la collectivité. Cette quantité de produits étant fixe à un moment donné, l'accroissement de la quote-part attribuée au travail manuel implique la diminution de la quote-part attribuée au capital, au travail de direction ou simultanément à ces deux facteurs. La réduction de l'intérêt alloué au capital se trouve enrayée parce qu'une réduction excessive fait émigrer les capitaux et que toute accumulation de capitaux s'arrêtera si une entente entre les ouvriers pousse universellement cette réduction au delà d'un certain point. La réduction de la part du travail intellectuel a également ses limites. Mal payée, la capacité commerciale passera à l'étranger; si sa rétribution est partout insuffisante, elle ne s'offrira plus en quantité nécessaire. En effet, la prévision de riches récompenses détermine seule les hommes à s'assujettir aux fatigues intellectuelles et à la discipline qu'exige l'éducation des bons chefs d'industrie. La marge dans les limites de laquelle la bienfaisance négative parvient en temps ordinaire à mitiger les conditions assurément pénibles du marché de la main-d'œuvre, est donc étroite, et nous avons vu que, même en allant jusqu'à son extrême limite, des intentions bienveillantes peuvent engendrer une cruauté involontaire.

Toutes les fois qu'il s'agit du louage de services à prix d'argent, la bienfaisance négative n'intervient avec un avantage évident que dans un seul cas. C'est lorsqu'un entrepreneur d'industrie, ayant, grâce à ses bénéfices rapidement augmentés, constitué une réserve au delà du nécessaire, ne se prévaut pas des facilités qu'il a d'exploiter passivement sa situation privilégiée, élève les salaires avant d'y être contraint par la demande croissante de main-d'œuvre et refuse d'user de son pouvoir de monopoliser tous les avantages que comporte la situation. Toutefois sur ce terrain nous côtoyons le domaine de la Bienfaisance positive.

§ 404. — Bien des gens se figurent volontiers, mais à tort, que si la bienfaisance négative a le droit de s'occuper du traitement des ouvriers par les patrons, elle n'a rien à voir dans le traitement des patrons par les ouvriers.

Les journaux nous racontent de temps en temps que les bénéfices de telle entreprise de travaux importants, dont on avait stipulé l'achèvement pour une date indiquée sous peine de fortes amendes, sont absorbés ou même convertis en pertes par les prétentions des ouvriers, qui saisissent l'occasion d'exiger des salaires plus élevés et mettent l'entrepreneur dans l'impossibilité de résister. Cette conduite n'a rien d'injuste en soi s'ils ont dénoncé leur engagement dans les délais prévus, puisque, dans ce cas, ils se contentent d'exiger des conditions qui leur sont plus favorables, et de refuser de travailler à des conditions, qui le sont moins. Tout dépend des circonstances particulières ; elles seules doivent décider à quel degré la bienfaisance négative doit influer sur leurs déterminations. Peut-être sont-ils fondés à croire que le contrat a été conclu dans des conditions très rémunératrices pour l'entrepreneur et que le paiement de salaires plus élevés lui laissera encore des profits suffisants : un altruisme rationnel leur permet alors de tirer parti de l'obligation à laquelle il s'est soumis. Ou bien encore, l'entreprise en question n'est peut-être pas remarquablement lucrative, mais au cours des années écoulées, l'entrepreneur a fait une grande fortune et s'est montré un maître impérieux et dur ; dans ce cas, aucune sympathie ne dictera des ménagements, qui lui éviteraient des pertes. Néanmoins dans d'autres cas, l'absence de tout égard pour les intérêts de l'entrepreneur est absolument injustifiable, et non seulement le souci de ses intérêts, mais celui des intérêts sociaux, interdit toute coercition indirecte. Si des abus fréquents de ce genre ruinent les entrepreneurs, la société perd des membres utiles et, pendant un certain intervalle, les ouvriers eux-mêmes souffriront d'une diminution dans la demande de leurs services.

Le plus souvent, les ouvriers, désireux d'améliorer leur situation à la faveur des nécessités qui pèsent sur l'industriel, rejettent non seulement les conseils de la bienfaisance négative, mais restent sourds à ceux de la justice. Non contents de refuser de travailler aux conditions précédemment arrêtées, les meneurs usent de violences ou de menaces pour éloigner les ouvriers, qui seraient enclins à les accepter :

ils violent ainsi la loi d'égale liberté ! Ils affirment leur droit de conclure ou de rejeter un contrat et refusent ce même droit à leurs compagnons. Assurément ils n'enfreignent pas les prescriptions de la morale en cherchant des alliés, en essayant de détourner ceux qui se proposent de prendre leur place et en leur témoignant du mécontentement si ces derniers se montrent récalcitrants, mais la morale leur interdit toute conduite qui use de contrainte ou cherche à répandre une terreur autre que la crainte de l'impopularité ; elle l'interdit doublement, car la justice joint son blâme à la réprobation morale. Empêcher de travailler des ouvriers, que leurs charges de famille inclinent à accepter des conditions souvent avantageuses, c'est les vouer à la misère, eux et leurs enfants.

N'y a-t-il pas une injustice criante lorsque, dans les cas déjà cités et d'autres analogues, nous voyons les patrons et les ouvriers non syndiqués frappés par le système connu sous le nom de mise à l'index, lorsque, cas fréquent, un corps d'ouvriers syndiqués se refuse à travailler avec un ouvrier non affilié à leur syndicat ou lorsque, comme en Irlande, une ligue politique jette l'interdit social sur les citoyens qui refusent d'y entrer. Évidemment, ces atteintes à la liberté constituent des injustices primaires. Quoi qu'en disent nos lois actuelles, il est clair qu'individuellement ou collectivement, des citoyens peuvent légitimement se refuser à travailler, à commercer ou à communiquer avec une personne quelconque, mais à la condition de ne pas entraver son activité. Un tel accord n'est pas une conspiration au sens technique du mot anglais, tant que l'objet qu'il a en vue n'est pas entaché d'injustice : le refus de travailler côte à côte avec un homme qu'on blâme ou celui de lui vendre, ne constitue pas une infraction à la loi d'égale liberté. D'ordinaire l'injustice prend naissance quand on a recours à la violence pour organiser et maintenir ce système et les peines frappant les récalcitrants. Aucun mal appréciable ne résulterait de la liberté laissée de nom et de fait à chacun d'entrer ou de ne pas entrer dans l'association ; les barrières ordinaires de la justice suffisent, sans nécessiter d'intervention de la bienfaisance négative.

Remarquons en passant que le mépris affiché par la majorité pour ces restrictions montre combien elle est encore peu digne de vivre sous un régime d'institutions libres. Toute société qui considère comme un crime le fait de défendre sa liberté personnelle, et comme une vertu le fait de se courber sous le joug d'un syndicat et de persécuter ceux qui se dérobent à sa tyrannie, ne tardera pas à reperdre les libertés qu'elle a conquises. Des hommes qui comprennent si peu la liberté, perdront inévitablement la leur.

§ 405. — Pour les contrats que la justice ne règle pas, les ménagements dictés par la bienfaisance négative et que nous avons passés en revue, interdisent l'exploitation abusive d'un avantage éventuel. Il nous reste à signaler une forme plus élevée de la bienfaisance négative, qui a trait aux affaires commerciales.

Il se trouve des hommes en petit nombre, qui non contents de ne pas sacrifier à leur propre bénéfice les intérêts d'autrui, vont plus loin et ne permettent pas aux autres hommes de se léser ou de se faire tort par un marché désavantageux. Tout en faisant respecter leurs propres droits, ces hommes n'admettront pas que leur client ou leur ami conclue un contrat onéreux : ils lui offriront de grand cœur de donner ou de faire davantage que l'autre ne demande. Ce mode de conduite deviendra normal lorsque la société industrielle de l'avenir aura atteint son plein développement et se composera d'unités, dont la nature se sera moulée sur les conditions ambiantes. Outre le respect de la justice, se manifestant dans l'accomplissement des contrats, il y régnera le respect de la bienfaisance négative interdisant les contrats léonins.

Une conduite de ce genre est nécessairement rare de nos jours. Des gens prompts à se jeter sur les journaux pour y découvrir le résultat de paris, qui assurent le gain de l'un au prix de la souffrance de l'autre, ne sont pas gens à s'abstenir de rançonner leurs voisins. Une sympathie pleine d'égards pour le bien-être d'autrui ne peut pas régler les contrats d'une nation, où tous, de haut en bas, des princes aux débitants de boissons, s'adonnent au jeu avec frénésie.

# CHAPITRE IV

LA RESTRICTION DES PAIEMENTS A TITRE GRACIEUX

§ 406. — Nous avons encore à passer en revue certains rapports où des paiements en argent ou leurs équivalents jouent un rôle ; celui de la bienfaisance négative y paraît à première vue fort peu bienfaisant. Dans la vie journalière, la sympathie inspire souvent des actes que réprouve une sympathie plus haute et plus abstraite ; celle-ci nous prescrit alors le refus de faire ou de donner ce qu'on attend de nous.

Cette forme de la bienfaisance négative est si peu attrayante et généralement si mal vue qu'elle est rarement pratiquée. Le nombre des cas où un mobile égoïste dicte la résistance à une sollicitation, l'emporte de beaucoup ; aussi la plupart des gens jugent-ils impossible qu'un motif non égoïste dicte cette résistance. Ils considèrent uniquement les effets prochains, et sont incapables de comprendre que la prévision de maux futurs nous dicte l'abstention d'actes productifs d'une jouissance immédiate. Un acte de bonté suppose presque toujours l'abnégation ;

cependant l'abnégation recommande parfois l'abstention d'un acte, qui n'a de la bonté que l'apparence.

C'est ce qui arrive toutes les fois que le souci de l'intérêt social et du bien-être de la majorité doit l'emporter sur le souci du bien-être d'individus ou de la minorité. Nous allons en voir quelques exemples.

§ 407. — « Les pauvres diables ! donnons-leur quelque chose, » s'écrie une dame au cœur compatissant en ouvrant sa fenêtre pour jeter quelques sous au chef d'un malencontreux orchestre ambulant, qui depuis un quart d'heure remplit le voisinage du bruit discordant d'une pitoyable musique. Cette dame croit avoir accompli un acte de bonté et juge insensibles les personnes qui la désapprouvent.

On perdrait son temps à lui expliquer que l'argent donné en rémunération d'un service quelconque ne doit être donné qu'en échange d'un service utile, qu'il est juste de rétribuer un plaisir qu'on nous a procuré, mais qu'il n'est pas juste de rétribuer l'infliction d'une souffrance et que le lien social se dissoudrait si le principe était admis qu'il convient d'également rétribuer un plaisir et une souffrance. Ce raisonnement serait trop abstrait pour elle. Inutile encore de lui rappeler que toute pièce de monnaie donnée à ces piètres musiciens les excite à parcourir d'autres rues et à infliger à d'autres personnes le supplice de leur intolérable musique. Mais ce n'est pas tout. S'il suffit de jouer mal pour gagner de l'argent, on s'attachera moins à bien jouer ; une perte de jouissances s'ajoutera à la diffusion de la souffrance. Cette bonté irréfléchie aura encore un autre effet fâcheux. Ne recevant rien, ces musiciens brouillés avec l'harmonie quitteraient un métier pour lequel ils ne sont pas nés et en prendraient un répondant à leurs aptitudes : leurs efforts seraient utiles à la société au lieu de lui être nuisibles. Néanmoins, comme je l'ai dit, nul ne songe à ces effets éloignés ; si quelqu'un les signale, l'image qu'on s'en fait est si vague qu'elle n'arrête personne.

On témoignerait au contraire d'une bienfaisance négative supérieure en acceptant le double ennui résultant d'un refus, l'ennui de résister aux inspirations immédiates de la sympathie et celui de s'exposer à des interprétations peu flatteuses.

§ 408. — Dans leurs rapports avec les cochers de place, les personnes aisées habitant la ville ont d'autres occasions journalières de réprimer une libéralité imprévoyante, mais en s'exposant parfois à de graves désagréments.

Laissons de côté la question de savoir si le prix des courses doit être tarifé ou laissé libre comme dans les omnibus de Londres, sous réserve d'être publié à l'avance. Le système en vigueur s'est établi d'après le nombre des voitures et le taux moyen des profits des loueurs et des cochers ; que résulte-t-il de la coutume de payer au delà du tarif ? La grande majorité des cochers est convenable et se contente de ce qui lui revient. Pourtant voici un cocher qui exige davantage. Vous connaissez la distance parcourue ; vous payez peut-être journellement le même prix et vous savez qu'il laisse un profit suffisant au cocher. Mais le vôtre réclame dix sous de plus, menace de vous citer en justice et, bien que vous soyez rentré chez vous, reste stationner devant votre porte dans l'espoir de vous lasser par son obstination. Que faire ? La situation est désagréable et vous vous sentez enclin à lui faire remettre ses dix sous d'excédent ; au fond vous ne vous en souciez guère, et vous éviterez ainsi une altercation. Vous vous apercevez de plus que les spectateurs sont loin de vous approuver : il vaudra mieux après tout vous montrer généreux et sauver les apparences. Mais si vous écoutez la voix d'une bienfaisance négative supérieure, qui tient compte des effets éloignés et des effets prochains, du bien-être de la majorité et de celui de la minorité, vous persisterez dans votre refus. Voici les raisons qu'elle invoquera.

S'il convient que vous cédiez, il convient que tous les voyageurs surfaits et menacés cèdent également ; il convient donc que les profits quotidiens des cochers soient de la sorte surélevés. Au sujet des effets de cette surélévation, que nous enseigne l'économie politique, cette « science sinistre », comme l'appelle M. Carlyle imitant l'enfant, qui donnerait ce nom à l'arithmétique parce qu'elle excite en lui une répugnance analogue ? Premier effet, le nombre des cochers s'accroîtra, car c'est un métier plein de charmes pour les flâneurs et ceux-ci sont légion. Le nombre des cochers s'augmentera donc d'un certain nombre de ces derniers et d'autres recrues délaissant des professions plus mal rétribuées. Supposant un même nombre de courses — hypothèse qui ne se réaliserait pas, car les prix plus élevés éloigneraient les voyageurs — que résulterait-il de cet accroissement de l'effectif des cochers ? Le produit du même nombre de courses devant se répartir entre un nombre supérieur de cochers, chacun d'eux recevrait un prix plus élevé pour chaque course, mais ferait moins de courses. La réduction des profits artificiellement surélevés continuerait jusqu'au point où elle arrêterait l'affluence de nouveaux cochers, c'est-à-dire au niveau antérieur, et le métier cesserait d'exercer son attrait. On aurait construit dans l'intervalle un plus grand nombre de voitures de place, car les cochers demandant plus de voitures, les carrossiers satisferaient à leur demande, mais en augmentant leurs prix de vente et en encaissant une part du surplus total perçu par les cochers. Seconde conséquence fâcheuse : il existerait un nombre excessif de chevaux et de voitures ayant inutilement absorbé du capital. Un nombre de chevaux et de voitures en excès des besoins se traduit par une perte pour la nation. Mais nous ne sommes pas encore au bout des effets nuisibles. Troisième conséquence : au point de vue pécuniaire, il importerait peu aux voyageurs riches de payer au delà du tarif actuel, mais il n'en serait pas de même de la majorité des voyageurs à bourse modeste qui sont parfois forcés de prendre une voiture ; dans d'autres cas, ils y renonceront malgré leur fatigue ou leur hâte d'arriver.

Je ne prétends pas que tout cet enchaînement de prévisions se présente instantanément à l'esprit de celui qui se rebiffe contre des exigences abusives. Ce que je prétends, c'est que, s'il s'est par hasard donné la peine de suivre jusqu'au bout les ramifications finales des actes humains, il a le sentiment que la rupture du contrat tacitement intervenu entre lui et le cocher, lorsqu'il est monté dans sa voiture, doit avoir des effets nuisibles. L'expérience, par exemple, lui a appris que l'usage des pourboires extravagants dont on gratifie le personnel des hôtels, a rendu leur métier si fructueux que les propriétaires prélèvent un véritable impôt sur leurs domestiques ; elle lui a appris que, malgré la coutume récente de porter le service en compte, l'habitude des pourboires s'est rétablie de plus belle et que les propriétaires en profitent pour ne payer que des gages dérisoires. Ce qui revient à constater qu'en général, toute déviation du rapport normal, proportionnant la rémunération au service rendu, engendre plusieurs résultats malfaisants et finit par aboutir au rétablissement du rapport normal ; tout homme clairvoyant, pénétré de cette vérité, se refusera, au profit même de ceux dont les intérêts seront à la longue lésés, à contribuer à l'introduction d'un système vicieux.

§ 409. — A toute heure du jour, les pourboires aux employés et aux facteurs des gares de chemins de fer, dénotent des intentions bienfaisantes en apparence, mais essentiellement malfaisantes en réalité. A son début, tout corps organisé est sain; il faut du temps pour que la corruption s'y glisse et l'infecte. Aux premiers jours des chemins de fer, les conseils d'administration et tout leur personnel étaient honnêtes. On ignorait la spéculation sur les actions, les projets en l'air lancés en vue d'encaisser des primes, l'art de falsifier la comptabilité ; du haut en bas de la hiérarchie, les employés touchaient des appointements convenables pour un service réglé, ne justifiant aucune exaction de paiements supplémentaires. Pendant longtemps, il fut absolument interdit aux employés préposés au service des voyageurs de demander le moindre pourboire sous peine de punitions réglementaires qu'il n'était pas rare de voir appliquer. Toutefois petit à petit l'usage des pourboires s'est insidieusement introduit ; il s'est si fermement implanté que les personnes, qui avaient longtemps résisté, ont dû finir par s'avouer vaincues. Il est convenu qu'on donnera un pourboire, il est malséant de ne pas le donner. A peine consent-on à reconnaître que ce système a ses racines dans l'égoïsme et nullement dans la libéralité et qu'il engendre des effets désastreux. Voici quelques-uns de ces derniers.

Le contrat originaire entre la compagnie et les voyageurs s'interprétait dans ce sens que la compagnie s'engageait, moyennant un prix spécifié, à transporter le voyageur à une destination également spécifiée en lui fournissant les facilités voulues ; au nombre de ces facilités était la manipulation des bagages confiée à des employés payés à cet effet. Tout voyageur avait droit aux services de ces employés et nul ne pouvait prétendre à un surplus d'assistance venant réduire d'autant la part équitable de ses compagnons de voyage. Dès le début néanmoins, quelques voyageurs, ne regardant pas à la dépense, se mirent à récompenser en cachette tout empressement dépassant la moyenne ou tout autre service accessoire ; ils oubliaient que c'était au détriment d'autres personnes, qui y avaient autant et peut-être plus de titres qu'eux-mêmes. Tandis que le facteur désireux d'empocher le gros pourboire d'un Monsieur à mine cossue porteur d'un billet de première, se démène pour ranger dans le filet sa couverture, ses paquets et son parapluie, ou va s'assurer que sa valise et sa caisse à fusil sont placées dans le fourgon aux bagages, il néglige deux ou trois autres voyageurs : un homme à la mise râpée qui tient à la main son sac de nuit et dont il n'a pas beaucoup à attendre ou bien une veuve à la tête d'une bande d'enfants et d'innombrables colis, qui court de peur de manquer le train. La prétendue libéralité du voyageur riche entraîne donc un manque d'égards pour les autres voyageurs.

D'autres inconvénients plus graves sont à redouter. Il faut bon gré, mal gré, finir par caser les voyageurs, dont l'aspect n'annonçait aucun pourboire. Le train doit attendre pendant qu'on les installe, eux et leurs colis. Qu'arrive-t-il nécessairement ?

Le temps perdu aux ordres du voyageur, qui donne un pourboire, à courir s'assurer que son bagage est chargé et à attendre tandis qu'il fouille dans sa poche, ce temps aurait dû être consacré aux autres voyageurs ; la nécessité de s'occuper d'eux au dernier instant met le train en retard. Tout ce manège que j'ai observé et fait observer à plusieurs reprises par mes amis, se répète à chaque station importante ; les retards s'accumulent et une irrégularité chronique devient la règle générale dans la marche des trains. La compagnie fait perdre du temps à tous les voyageurs, uniquement afin que quelques-uns d'entre eux puissent accaparer une part des services auxquels toute personne ayant payé son billet a acquis un droit égal. Cinquante ou cent personnes arrivent à destination bien après l'heure réglementaire, souvent à leur grand préjudice. Ce n'est pas tout. L'immense majorité des accidents de chemin de fer a pour cause le manque de ponctualité ; jamais il ne se produit de collision entre deux trains qui arrivent à l'heure dite au point où ils sont attendus.

Cet usage a encore engendré, par ricochet, des effets également nuisibles. Les pourboires aux facteurs ont donné naissance aux pourboires aux employés du train et à d'autres pratiques regrettables. Afin qu'un *gentleman* — ou quelqu'un qui en a les dehors, et qui a promis ou donné un shilling de gratification — puisse monopoliser tout ou partie d'un compartiment, les autres voyageurs sont entassés sans ménagement aucun. Il y a mieux. On cherche une place, on aperçoit un compartiment où deux personnes sont assises seules et entourées d'un amas de couvertures et de paletots disposés comme si toutes les places étaient retenues ; on s'éloigne pour chercher en vain ailleurs. A la fin, on arrache au contrôleur des billets l'aveu que ces places sont libres et on lui intime l'ordre d'ouvrir la portière : c'est que le système des pourboires a développé l'habitude égoïste de se procurer des faveurs exceptionnelles aux dépens des droits d'autrui. Glissant de plus en plus sur cette pente, on corrompt maintenant les employés qui laissent fumer dans les compartiments réservés aux non-fumeurs. Ces employés en sont venus à porter dans leur poche des plaques avec l'indication « Fumeurs », et à les accrocher à la portière des caisses, où les voyageurs se sont montrés généreux. La compagnie tolère ces abus qui ont pour résultat de répandre dans toutes les voitures de première classe l'atmosphère nauséabonde d'un cabaret de banlieue.

Voilà comment le fait de céder d'une manière en apparence inoffensive aux sollicitations muettes des facteurs, ouvre la porte à de graves abus, dont quelques-uns se traduisent en pertes matérielles et parfois en pertes d'existences humaines. Rappelons-nous donc que la bienfaisance négative, soucieuse du bien-être général et final, nous enjoint de résister parfois aux impulsions subites de la sympathie et de nous résigner à supporter des manifestations de blâme et de mécontentement.

§ 410. — Généralisons nos conclusions. Dans tout échange de services, il faut se guider autant que possible sur le contrat, tacite ou explicite, intervenu; à défaut de ce contrat, sur un contrat imaginaire que la raison aurait ratifié.

L'un des effets de l'évolution est d'imprimer aux choses un caractère plus défini ; au cours du progrès social, les relations entre citoyens ont pris ce caractère. Aux temps primitifs, il n'existait ni gages, ni salaires, ni conventions précises, ni cours du marché. On vivait sous un régime de services imposés, de présents, de complaisances achetées à prix d'argent ; les échanges de services avaient quelque chose de flottant et d'incertain. Il s'ensuit que les déviations de la coopération sociale contractuelle constituent des modifications rétrogrades et tendent à nous ramener à un type social inférieur ; il importe donc de leur résister.

Les gratifications n'ont que faire dans la vie sociale ; nous en avons la preuve. Il y a vingt-ans, au temps où les mœurs américaines avaient conservé en grande partie leur premier cachet de pureté, les employés, en particulier dans les hôtels, se contentaient des gages fixés à leur entrée en service. En Angleterre, à l'heure présente et jusque parmi les personnes peu favorisées de la fortune, il s'en trouve pour n'accepter d'autre rétribution que celle qui a été convenue. Je me rappelle une pauvre ouvrière, qui me semblait trop peu payée, et qui refusa le supplément de salaire que je lui offris. En haut comme en bas, les hommes sont donc capables de résistance à une forme de coopération sociale à tendances rétrogrades.

Dans ces conditions et en matière de rapports entre patrons et employés, la bienfaisance négative a pour fonction de veiller à ce qu'au moment de la conclusion des contrats d'engagement, les employés n'évaluent pas leurs services à des prix trop bas. Sous l'empire des sentiments qu'elle recommande, la perte qui résultera de l'abolition de paiements irréguliers, sera à la longue couverte par le relèvement des paiements régulièrement stipulés.

# CHAPITRE V

## LA RESTRICTION DANS LA MANIFESTATION DU TALENT

§ 411. — Sous un régime de coopération sociale, les hommes confèrent et reçoivent non seulement des avantages matériels, mais encore des avantages immatériels ; tels sont les bénéfices, les satisfactions ou les jouissances que procure le commerce social et qui ne sont pas toujours répartis d'une manière parfaite. La mission de la bienfaisance négative est donc de restreindre les actes productifs de jouissances personnelles de façon à ce que nul ne s'arroge la part d'autrui.

Nous avons reconnu qu'un homme ne doit pas exploiter à outrance les supériorités mentales et physiques qui lui permettent d'acquérir des richesses supérieures à celles des autres hommes et qu'il doit tenir compte des conditions de leur bien-être ; en outre ces supériorités sont souvent de nature à lui valoir un tribut d'éloges inusités. Ce tribut est encore fréquemment acquis à des supériorités d'un autre ordre, par exemple à celles qui assurent la popularité plutôt que la fortune. Dans ce cas se présente la question : « Jusqu'à quel point le supérieur peut-il pousser ses avantages ? Jusqu'à quel point convient-il qu'il s'abstienne d'user de ses facultés supérieures, laissant ainsi aux autres leur part d'applaudissements ou leur épargnant le sentiment pénible de la défaite ? »

La question est épineuse et malaisée à résoudre. Il est légitime de poursuivre le combat de la vie, qui a fait émerger toutes les supériorités sous humaines et humaines, au delà du domaine où l'activité a pour objet la sustentation, et de le porter sur celui où l'activité a pour objet les jouissances dues au déploiement de facultés extraordinaires. L'absence de cette compétition parfois physique, mais surtout mentale, enlèverait toute saveur au commerce social. Et cependant, d'un côté comme de l'autre, la sympathie doit dicter une réserve qui limite les joies du triomphe.

§ 412. — Causeurs hors ligne, mais intarissables, certains hommes manifestent parfois d'une manière répréhensible une certaine forme de l'égoïsme. La présence de rivaux excite souvent la jalousie des causeurs brillants ; d'autres fois, profitant de l'absence d'adversaires dignes de se mesurer avec eux, ils écrasent leurs auditeurs du débordement de leur éloquence et changent ce qui devrait être une conversation en monologue. Par contre, d'autres personnes parfaitement capables d'attirer l'attention, se plaisent à témoigner des égards à leurs interlocuteurs modestes ou dénués d'éclat et à leur ménager l'occasion de participer à un échange d'idées ; elles les encouragent à parler et à exprimer leurs opinions. Ces deux types opposés personnifient la présence et l'absence de la bienfaisance négative ; l'un d'eux se rend compte du risque que l'on court à vouloir à tout prix accaparer les applaudissements. Tout homme essayant de monopoliser la conversation recueille plus de réprobation morale qu'il ne récolte d'approbation intellectuelle.

Souvent à table ou dans un groupe quelconque, on entend exprimer une erreur ou avancer un argument boiteux. Il est loisible à la personne qui s'en aperçoit de déployer la supériorité de ses connaissances et de sa logique, ou, dédaignant de se hausser au détriment d'autrui, de laisser passer l'erreur en silence. La conduite à suivre se réglera sur plusieurs considérations différentes. L'erreur ou l'argument boiteux sont-ils de nature à nuire s'ils passent incontestés ? Leur auteur est-il un fat, un homme d'un amour-propre excessif ? Jouit-il d'une autorité injustifiée auprès de son entourage ? La passion d'être applaudi lui fait-elle maltraiter et fouler aux pieds ses contradicteurs ? Si quelques-unes de ces questions comportent une réponse affirmative, il faut le reprendre pour son bien et pour celui de son auditoire. Mais si l'erreur est de peu d'importance, si le crédit de celui qui l'a émise, n'est pas démesuré et serait indûment rabaissé par une correction, si l'ensemble de sa manière de se comporter est louable, la sympathie est en droit d'imposer le silence ; la bienfaisance négative réprimera le désir naturel de faire constater notre supériorité.

La plus grande partie de ce raisonnement s'applique naturellement à la controverse publique. Le plus souvent l'intrusion de l'amour-propre détourne de la recherche désintéressée de la vérité, qui devrait constituer le but véritable de toute controverse. Le désir de remporter une victoire éclatante excite souvent une ardeur impitoyable et peu scrupuleuse qui s'oppose à la formation de conclusions exactes. La bienfaisance négative est donc productive d'un bien public quand elle prévient l'infliction de souffrances individuelles. Il est presque toujours possible d'exposer les faits et de convaincre sans afficher la défaite de son adversaire. On doit alors avoir la générosité de ne pas s'arrêter aux légères inadvertances, qui n'affectent pas l'issue générale du débat ; on peut même aller jusqu'à admettre la force des raisons qu'il nous oppose, tout en démontrant qu'elles ne s'appliquent pas à l'objet de la discussion. Une sage bienfaisance négative respectera l'amour-propre d'un antagoniste, sauf peut-être dans le cas où sa malhonnêteté et ses efforts en vue d'obscurcir la vérité doivent être dévoilés. Un manque des égards légitimement dus peut entraîner de désastreux effets publics.

Un coup d'œil sur les controverses politiques et théologiques, qui foisonnent autour de nous, nous montre que l'absence des interprétations sympathiques, que prescrit la bienfaisance négative, est propre à égarer les croyances humaines.

§ 413. — Ajoutons quelques mots au sujet des motifs spéciaux, qui parfois doivent empêcher les supérieurs de faire étalage de leur supériorité.

Un jeu d'adresse se joue devant un petit garçon ; la faiblesse du père est telle que son adversaire, s'il déploie toute sa force, est à peu près assuré de la victoire. Néanmoins s'il est convenablement pénétré du sentiment de la bienfaisance négative, ce dernier permettra au père de le battre et dissimulera sa retraite volontaire. Pour lui, la joie du triomphe serait insignifiante : il sent qu'elle serait contre-balancée et au delà par l'ennui sympathique qu'il éprouverait à battre le père devant le fils et par le désir sympathique d'épargner au fils le spectacle pénible de l'infériorité de son père. Sa conduite implique à la vérité quelque manque de sincérité, mais ce mal ne vaut pas qu'il s'y arrête en comparaison des désagréments qu'il évite.

De même dans une discussion ou un débat mené à coups de traits d'esprit, il peut être convenable d'en laisser sortir sain et sauf un adversaire sur lequel la victoire serait facile et qui dans d'autres circonstances serait indigne de ménagements. Supposons qu'il ait sa fiancée à ses côtés : il serait cruel d'étaler son ignorance, son illogisme ou d'égayer la galerie à ses dépens. Seuls les gens au cœur dur méconnaîtront que ce serait abuser de sa puissance intellectuelle que de lui faire honte sous les yeux d'un témoin, auquel il est si intimement lié. Un interlocuteur ayant le sentiment de la solidarité humaine, consentira dans ce cas à paraître mal instruit ou lourd plutôt que d'infliger la souffrance cuisante d'une défaite.

§ 414. — Dans tous ces cas, nous voyons la bienfaisance négative masquant volontairement une supériorité consciente de sa force et faisant régner l'harmonie dans les relations sociales.

Peut-être ces cas nous feront-ils discerner plus clairement que d'autres, la convenance d'atténuer autant que possible les souffrances qui découlent de l'inégalité des facultés. Nous l'avons reconnu : au point de vue humain, l'inflexible discipline de la nature, favorisant les êtres bien doués et abandonnant les êtres mal doués à leur sort misérable, a quelque chose d'injuste. Il nous est interdit de renverser le rapport normal entre la conduite et ses conséquences et d'égaliser les destinées des forts et des faibles, mais il nous est permis d'en corriger les résultats, toutes les fois que leur adoucissement n'arrêtera pas d'une manière appréciable la marche ultérieure de l'évolution. Trop de difficultés nous empêchent de circonscrire les préjudices matériels qui, dans la bataille de la vie, viennent frapper tantôt les vainqueurs et tantôt les vaincus, mais il est relativement facile d'en restreindre les conséquences mentales, lorsqu'elles se manifestent dans la vie sociale.

Il est incontestablement des situations où le déploiement de la supériorité mentale dans la conversation ou la controverse, est productif d'avantages pécuniaires et où il devient légitime d'y avoir recours pour s'assurer un avantage dans la lutte pour l'existence, mais dans les cas que j'ai cités et qui sont les plus ordinaires, le joueur adroit, le causeur brillant, le dialecticien habile peuvent se modérer sans mettre leur supériorité en danger et épargner un adversaire sans favoriser indûment l'expansion de l'infériorité. Ils ont l'occasion de réduire les maux causés par le défaut d'équité de la nature sans causer de maux nouveaux.

En somme, réprimer le désir de la victoire et céder aux conseils de la bienfaisance négative, c'est réprimer un désir barbare, qui n'est approprié qu'aux premiers stages de l'évolution humaine. L'orgueil de la victoire est le même, quelle que soit l'arme de notre adversaire : que ce soit le bras ou la langue, l'épée ou la plume. L'esprit guerrier, qui, pendant toute la durée du progrès social, s'est glorifié de ses succès dans les rencontres corps à corps, est essentiellement le même que celui qui se glorifie du succès dans les luttes de la pensée. Les intérêts d'une civilisation plus haute réclament donc en faveur de la contrainte personnelle du *moi* et interdisent tout rabaissement inutile des infériorités mentales.

# CHAPITRE VI

## LA RESTRICTION DU BLAME

§ 415. — Le sujet de ce chapitre se rattache à celui du chapitre précédent; il s'y rattache même si étroitement qu'il est à peine possible de l'en distinguer, puisque les critiques émises au cours d'une conversation ou d'une controverse, impliquent nécessairement une sorte de blâme. Toutefois le blâme proprement dit est suffisamment caractérisé pour être traité à part.

Ni la sympathie, ni le jugement isolés ne parviennent à déterminer convenablement les occasions du blâme et la mesure qu'il faut observer. Parfois il est de notre devoir de retenir le blâme ; parfois il serait coupable de nous taire. Une juste règle tient compte de bien des considérations : par exemple de la position relative du père et de l'enfant, du patron et de l'employé, de l'âge des parties en cause, d'autres fois de leur rapport d'égalité ou d'indépendance. Il faut encore tenir compte de la position de supériorité ou d'infériorité relative de la personne qui blâme et de celle qui est blâmée, des effets immédiats et lointains du blâme, qui seront tantôt bienfaisants et tantôt nuisibles, de la présence ou de l'absence de témoins, de la manière dont le blâme est prononcé et de sa portée.

Un sentiment très vif de la solidarité humaine, une grande pénétration et beaucoup de prévoyance sont indispensables pour adapter exactement la conduite à tenir à l'ensemble des faits et des circonstances. S'il y a moyen, la considération du temps ne doit pas non plus rester négligée.

§ 416. — Le blâme le plus fréquent est celui auquel donne naissance la relation de père à enfant. Il est des pays où le besoin d'avoir un fils ressort impérieusement de la nécessité d'accomplir les rites funéraires en l'honneur des mânes paternels ; dans ces pays règne l'idée sous-entendue, demeurée vivace chez nous jusqu'en des temps relativement modernes, que les enfants sont faits pour les parents. Par suite de cette idée et de la manière de châtier qui en résultait, il était difficile qu'une tendre sollicitude pour leur bonheur vînt diriger le blâme infligé aux enfants. Dans nos temps modernes, cette conception a été, sinon complètement détruite, du moins fortement entamée ; souvent on croirait même que les parents sont faits pour les enfants et l'influence de cette nouvelle manière de voir vient régler l'expression du blâme. Les meilleurs des parents modernes ouvrent l'oreille aux avis de la bienfaisance négative, se retiennent et ne s'abandonnent pas à une irritabilité toujours en émoi.

Au prix de quelques sacrifices personnels, la sympathie et le bon sens feront tolérer la mobilité mentale et physique, qui caractérise les premières années de la vie, et céder dans des limites raisonnables à la manie d'interroger propre aux enfants. On s'efforcera de trouver du plaisir à leur donner des réponses instructives et quand l'interrogatoire deviendra par trop importun, on y mettra fin d'une manière détournée et sans avoir recours aux réprimandes.

La conviction toujours présente qu'il ne faut pas attendre d'une nature non développée la conduite qu'il est permis d'exiger d'une nature arrivée à son entier développement, arrêtera plus d'une semonce ; on ne comptera pas sur l'intervention décisive des émotions régulatrices supérieures, à un âge où elles sont encore inactives. Des parents dont les sentiments sont bien équilibrés, se rappelleront cette vérité ; ils ne condamneront pas avec rigueur des fautes légères, non pas que ces fautes doivent être passées sous silence, mais parce qu'elles doivent être reprises sur un ton modéré.

La prévision d'effets éloignés, aussi bien que celle des effets rapprochés, s'alliera à la bienfaisance négative pour réprimer le blâme à jet continu, car l'infliction perpétuelle de la douleur morale produit l'endurcissement et à la longue la haine, et provoque les conflits avec une discipline salutaire. Tout père, qui passe sur des vétilles ou ne les punit que d'un regard et réserve sa réprobation ouverte aux fautes sérieuses, acquerra, toutes choses égales, une influence, qui sera refusée à un père impitoyable ; en effet, les parents impitoyables ne réussissent pas à exciter les mobiles générateurs d'une bonne conduite et leur substituent les mobiles inférieurs qu'engendre la crainte.

La plus grande partie de ce qui précède s'applique à l'école aussi bien qu'à la famille. Les mesures de correction bienveillante doivent avoir en vue, non seulement le gouvernement de la conduite présente, mais aussi la formation continue du caractère ; elles relèvent d'une direction, qui doit être douce sans tomber dans le relâchement.

§ 417. — Les rapports entre patron et employé, entre maître et domestique, doivent avant tout se conformer à l'esprit du contrat intervenu. La justice prime la bienfaisance ; par conséquent, les considérations touchant le blâme doivent se subordonner aux considérations touchant le devoir. L'accomplissement du contrat est à bon droit exigible et son non-accomplissement peut et doit être blâmé ; puisqu'une coopération sociale efficace a pour fondement l'exécution des engagements, on ne doit pas accepter en silence leur non-accomplissement ; sauf lorsque des causes suffisantes et imprévues justifient celui-ci.

L'impression générale que le rapport de patron à ouvrier et spécialement le rapport de maître à serviteur renferment un élément dont s'accommode difficilement la morale absolue, vient compliquer les sentences à prononcer par la morale. L'équité pure admet parfaitement un accord stipulant l'échange de services spécifiés moyennant un prix spécifié ; cependant comme l'exécution d'une moitié du contrat, le paiement du prix, est intermittente, tandis que l'accomplissement de l'autre moitié implique une obéissance continue aux ordres reçus, il s'est attaché à cette catégorie de contrats un sentiment similaire à celui qui s'attache aux rapports de maître à esclaves (voir § 169). Je ne puis dire si, sous l'empire de la morale absolue, l'organisation sociale parviendra à éliminer ce sentiment. Cette élimination n'est dans tous les cas pas réalisable dans notre organisation actuelle ; le système de morale relative en vigueur doit donc chercher à élaborer la meilleure possible des formes de la conduite auxquelles la subordination peut donner naissance. Le moyen d'en tirer le meilleur parti possible, c'est de modérer la quantité et l'expression du blâme afin de dissimuler, autant que faire se peut, l'existence de ce rapport désagréable.

Parmi tous les non-accomplissements du devoir, il ne faut pas hésiter à frapper d'un blâme ceux qui ont pour origine le désir malhonnête de se soustraire à l'accomplissement d'une obligation. Dans ce cas, les ménagements, même immédiatement inspirés par la sympathie, ne sont pas ratifiés par la bienfaisance plus haute qui s'attache aux résultats éloignés, c'est-à-dire dans l'espèce à la réforme du coupable et au bien de la société. En effet, il n'est pas probable que celui-ci, encouragé par l'absence de blâme à persévérer dans sa négligence, prospère au même degré que si sa négligence avait été réprimée; ses maîtres futurs profiteront en outre de toute amélioration qui se sera produite dans sa conduite.

Un mode de discipline, recommandable à cause de ses résultats heureux dans les cas qui viennent de nous occuper, est encore avantageux dans une autre catégorie de cas, ceux où par oubli l'on ne s'acquitte pas de ses obligations. Pour les domestiques comme pour les enfants, il faut autant que possible laisser agir la discipline de la réaction naturelle. Lorsqu'ils ont constaté qu'on tient la main à ce qu'ils terminent une besogne inachevée, ils se corrigent de leur insouciance et de leur paresse. Si l'un d'eux néglige par un temps froid de fermer la porte et qu'on le rappelle, il éprouvera sans doute un moment d'humeur, mais son irritation sera moindre que s'il subit d'éternelles gronderies : le désir d'éviter des ennuis agira à la longue.

On a coutume de reprendre avec le plus d'âpreté les fautes, qui proviennent d'un manque d'intelligence ou de la maladresse ; ce sont néanmoins celles qui devraient être l'objet des reproches les plus mesurés, puisqu'elles résultent d'un vice organique et héréditaire. Les enfants pauvres sont parfois d'une lenteur de conception incroyable, même pour les choses les plus simples ; traitons avec douceur ce manque d'intelligence inné ou développé par une subsistance défectueuse. La bienfaisance, tout en tenant compte des fins de l'humanité, a pour mission de mitiger les injustices de la nature, et il ne faut pas qu'une dureté inutile vienne envenimer celles qui oppriment naturellement les êtres mal doués. La bienfaisance négative exige des ménagements et de la bonté dans le blâme qui les frappe.

Les raisons altruistes ne sont pas seules à imposer des limites à la propension au blâme ; certaines raisons égoïstes les imposent également. Par l'excès du blâme nous nous nuisons directement à nous-mêmes ; par l'insuccès de nos remontrances nous nous nuisons indirectement. On cesse d'écouter les personnes, qui trouvent toujours à reprendre ; tout autre est l'effet du blâme prononcé à de rares intervalles par celles qui n'abusent pas de leur autorité.

§ 418. — Que dirons-nous de l'expression du blâme entre personnes indépendantes les unes des autres, entre amis, entre étrangers ? Une réponse générale ne semble pas possible ; chaque cas doit être examiné à part.

Devant la conduite légèrement inconvenante d'un étranger, le plus sage est souvent de s'abstenir ou de témoigner son blâme par un regard ou par son attitude; des paroles feraient probablement plus de mal que de bien, surtout si celui qui les prononce, est atteint par ce qui se passe. Mais devant une inconvenance grave, des raisons à la fois immédiates et lointaines exigent qu'on parle sur-le-champ. Tant dans notre propre intérêt que dans celui d'autrui, tous nous sommes tenus de résister à une agression caractérisée ; le silence universel encouragerait l'agressivité. L'inconvenance envers autrui appelle encore plus l'expression du blâme, lorsque notre intérêt personnel n'est pas en jeu. Sans doute une intervention, même purement verbale, excite souvent le ressentiment ; le vulgaire s'écrie volontiers : « Cela ne vous regarde pas » et les gens vulgaires de toutes les conditions pensent tous de même. Dans ce cas, la bienfaisance négative doit abdiquer : le désir de ne pas blesser le coupable doit s'effacer devant l'injure faite à l'offensé, la bienfaisance positive entre alors en scène. Il importe de faire comprendre à un offenseur répliquant suivant l'usage : « Mêlez-vous de ce qui vous regarde » que le maintien d'une vie sociale harmonieuse et la défense de la victime d'un mauvais traitement résultant d'actes ou de paroles, nous touchent tous sans exception.

Quand un de nos amis s'est mal conduit envers nous ou envers autrui, la crainte de perdre ou de diminuer son amitié vient souvent, mais à tort, se superposer au désir de ne pas le blesser par notre blâme. Mais ne cédons pas uniformément à la bienfaisance négative qui nous pousserait à nous renfermer dans une attitude passive. Le blâme, déjà légitime s'il contribue à notre défense personnelle, le devient encore davantage s'il concourt à celle des tiers. La considération des effets tant éloignés que prochains nous prescrit de parler, dussions-nous le faire en termes désagréables et infliger une offense durable.

Dans le cercle de l'intimité, l'expression du blâme peut souvent se contenter d'un changement dans l'accueil ; la froideur comporte un reproche tout aussi marqué que les discours, parfois plus marqué, car elle fait appel à l'imagination ; elle a en outre l'avantage de ne pas infliger aussi ouvertement la souffrance et d'offrir moins de prise à des récriminations précises aboutissant à une brouille possible.

§ 419. — La restriction du blâme est parfois insuffisante ; d'autres fois elle est excessive. Bien souvent nous nous abstenons de condamner ou d'énoncer des faits, qui équivaudraient à une condamnation, alors que cette condamnation serait non seulement méritée, mais qu'elle est même nécessaire.

Dans les pays d'une moralité peu élevée, l'aversion s'adresse à la loi et la sympathie va au criminel : la loi passe pour l'ennemie plutôt que pour l'amie des citoyens. Un sentiment analogue règne dans nos écoles publiques : l'honneur y ordonne de couvrir un délinquant ; il serait honteux de le dénoncer, au point qu'un jeune enfant gravement maltraité par un grand n'ose pas se plaindre auprès de ses maîtres. S'il le fait, on refuse de l'écouter sans prendre garde que cette conduite épargne le blâme à celui qui l'a mérité, et le fait retomber sur celui qui n'en a mérité aucun.

Sous l'influence de cette morale scolaire, la plupart des hommes faits éprouvent les mêmes sentiments que les écoliers ; il leur arrive de prendre le parti d'un coupable et de se détourner des personnes, qui ont divulgué sa faute, de sorte qu'il est souvent plus profitable de faire le mal que d'appeler l'attention sur lui. Les anomalies les plus étranges naissent de cette répugnance à publier un blâme mérité. C'est ainsi qu'ayant découvert naguère que le président d'un Conseil d'administration avait trempé dans des affaires véreuses et préjudiciables à la Compagnie qu'il dirigeait, ses collègues le forcèrent à se retirer ; puis, afin d'adoucir sa chute, ils lui remirent un diplôme d'honneur. L'administrateur qui m'a raconté le fait, l'avait signé comme le reste.

Bien comprise, la bienfaisance négative ne sanctionne pas ces réticences : tout au contraire. Il n'existe aucune justification morale pour des mœurs qui permettent à la malhonnêteté de prospérer et qui font qu'il est périlleux de l'exposer à ses conséquences normales.

§ 420. — Sauf un changement dans les termes, la plus grande partie de ce chapitre s'applique aux châtiments, c'est-à-dire au blâme qui prend la forme d'actes de rigueur au lieu de celle de paroles désagréables. Sur ce terrain comme ailleurs, il faut autant que possible laisser le champ libre au principe de la réaction naturelle. Par exemple, la sympathie nous porte à passer sous silence le défaut de ponctualité accidentel d'un employé, mais quand ce défaut devient chronique, le respect des contrats intéressant tous les citoyens exige que l'employé irrégulier subisse tous les effets de la réaction naturelle en acceptant d'une manière quelconque une retenue sur la rémunération convenue de ses services. Aux ouvriers arrivant constamment après l'heure et privant leur patron d'une partie de l'ouvrage à fournir en retour du salaire spécifié, il a le droit d'en retenir sous forme d'amendes une proportion équivalente. Malheureusement, dans la phase de l'évolution que nous traversons, trop d'esprits restent sourds au sentiment du devoir, aux remontrances faites avec douceur ou formulées en termes énergiques ; la justice réclame le châtiment normal d'une réduction de leurs bénéfices, que n'interdit pas la bienfaisance négative.

Quant aux paroles et aux actes dictés par la nécessité de punir, nous dirons que, même un blâme catégorique fût-il mérité, la bienfaisance négative a pour fonction de prévenir la rigueur excessive que la colère, même légitime, est prompte à inspirer. Parfois arrêtant une infliction directe de souffrance, d'autres fois suggérant l'atténuation du reproche, la bienfaisance négative fera toujours sagement de ne pas lâcher la bride aux sentiments surexcités.

La modération, et non l'abstention, doit être notre devise. L'opinion générale exprimée dans la formule : « Ne vous mettez jamais en colère » suppose que la colère est toujours déplacée. C'est une erreur. La colère est un mode normal et parfois indispensable de manifester les sentiments. Si les victimes des agressions ne témoignaient jamais de colère, le nombre des agressions serait incalculable. Les hommes ne sont pas assez civilisés pour se passer du frein d'une juste appréhension ; tout ce que peut faire la bienfaisance négative, c'est d'assigner à la colère des limites qu'elle ne doit pas franchir.

---

# CHAPITRE VII

## LA RESTRICTION DE L'ÉLOGE

§ 421. — Il est difficile, et même impossible, pour bien des gens d'apercevoir pourquoi cette forme de l'altruisme, que nous nommons la bienfaisance négative, doit tenir en échec le désir de louer.

Ils voient bien que le respect de la vérité s'oppose dans bien des cas à ce que nous satisfassions notre désir de plaire en décernant des éloges. Ils admettent encore sans difficulté que, même en l'absence de ce désir, toute louange qui n'est pas conforme au sentiment de celui qui l'exprime, est blâmable. Ptah-hotep proclamait déjà dans l'antique Egypte, que « quiconque porte atteinte à la vérité pour se rendre agréable mérite le mépris »; cette flétrissure de la flatterie a été souvent renouvelée au cours des cinq mille ans qui se sont écoulés depuis lors. De nos jours toute personne qui se répand en éloges contraires à sa pensée, encourt dans une certaine mesure le mépris, même de celui à qui ils s'adressent. Chacun sent, même sans juger à propos de le dire, que ces compliments immérités sont l'écho d'une bienveillance de mauvais aloi.

Mais ces censures n'impliquent que la haine du mensonge. C'est uniquement l'amour de la vérité et non la bienfaisance négative qui les dicte. L'abstention de la louange imméritée ne paraît alors découler à aucun titre de cette forme de l'altruisme qui s'abstient d'actes et de paroles susceptibles d'infliger une douleur. Ne commettons-nous donc pas une méprise en rangeant dans la catégorie de la bienfaisance négative les règles restrictives de l'éloge ?

En aucune façon, car il existe des restrictions de l'éloge indépendantes de celles qu'impose la véracité. A supposer même qu'une admiration sincère inspire l'expression ou la manifestation de l'éloge, il est des circonstances dans lesquelles il faut s'en abstenir. Le souci de l'intérêt ultime doit souvent réprimer le désir de procurer un plaisir immédiat.

Il est difficile de traiter séparément, selon qu'elles sont imposées par l'amour de la vérité ou par la considération des effets éloignés primant celle des effets immédiats, les diverses limites que comporte l'éloge, qu'il s'exprime par le regard, l'attitude ou la parole. Groupons les restrictions de l'éloge nécessaires à des titres divers ; elles impliquent souvent un sacrifice notable de l'intérêt personnel à l'intérêt d'autrui.

§ 422. — L'admiration dont un enfant est l'objet,

se réfléchit implicitement sur sa mère : consciemment ou inconsciemment désireuse d'obtenir cette admiration, la mère fait sortir son petit garçon de la *nursery* et le montre aux visiteurs. La vanité, sentiment naturel déjà si puissant dans le cœur humain en général, a été spécialement excitée chez ce gamin par les soins quotidiens dont il est l'objet, par l'attention toute particulière accordée à ses jolis vêtements, à ses cheveux soigneusement bouclés et par les remarques flatteuses de sa bonne. Faut-il plaire à l'enfant et combler de joie la mère par quelque compliment? Faut-il encourager cette dernière à développer encore chez l'enfant le sentiment de son importance et le désir d'être loué? En ne le faisant pas, vous leur causez à tous deux un véritable désappointement et peut-être l'amitié que la mère avait pour vous, en souffrira-t-elle. Et cependant la considération prévoyante de leur intérêt à tous deux arrêtera sur vos lèvres l'éloge attendu.

Voici encore une jeune et belle femme habituée à recueillir un tribut d'hommages sur toutes les bouches et dans tous les yeux. Elle ne pense qu'à l'admiration qu'elle excite et elle attend que vous manifestiez la vôtre. Sans doute sa beauté est grande, si grande qu'il vous est bien difficile de ne pas témoigner que vous en êtes frappé. Lui accorderez-vous le plaisir qu'elle cherche en laissant parler votre regard? Oui, si vous ne pensez qu'aux effets immédiats; non, si vous réfléchissez aux effets éloignés. Pénétrez-vous de cette vérité que son esprit est déjà en grande partie faussé par la vanité, observez les signes extérieurs du désir purement égoïste qui l'anime, songez combien ce sentiment est exclusif du sentiment altruiste conscient qui devrait prédominer, et vous éviterez de lui laisser voir que vous l'avez distinguée. Bien des gens jugeront sans doute inutile ou même absurde cette restriction de l'éloge inspirée par la bienfaisance négative. Qu'ils se disent pourtant que l'état mental qui vient d'être décrit, est vraiment déplorable, qu'il peut à la longue entraîner le malheur de cette femme et d'autrui ; qu'ils se souviennent que de telles dispositions peuvent dans l'avenir troubler de diverses manières le bonheur domestique et qu'il leur arrive de faire naître la jalousie entre des mères et leurs filles ; pour peu qu'ils se rappellent que c'est là le résultat des flatteries ouvertes ou dissimulées qui ont été pendant des années prodiguées à une personne par son entourage, ils se convaincront que la réserve sur laquelle nous insistons, ne manque pas d'importance.

§ 423. — La sincérité et parfois aussi le désir de prévenir un mal, imposent souvent des réticences analogues lorsque l'on réclame des éloges en faveur d'un ouvrage récemment achevé, tel qu'un livre, un poème, un discours, un tableau ou toute autre production des arts plastiques, un chant ou une exécution musicale. Dans le cours ordinaire de la vie, il est difficile au spectateur ou à l'auditeur d'agir selon sa conscience. Le désir de ne mécontenter personne l'engage à décerner des louanges qui ne sont pas dans sa pensée, et l'empêche de s'arrêter aux maux qui peuvent résulter de propos dépourvus de franchise. Si l'auteur a besoin d'encouragements, il ne saurait être question d'autres limites à l'éloge que celles qui découlent du respect de la vérité ; il est aisé de trouver une formule à demi approbative qui, sans fournir d'aliment à la vanité, fait plaisir à celui à qui elle s'adresse et stimule ses efforts. Si l'ouvrage en question est une esquisse ou un motif de décoration, la considération des effets éloignés n'a pas à intervenir. Mais s'il s'agit d'une œuvre littéraire, d'une pièce de vers, d'un essai ou d'un roman, il faut d'ordinaire s'abstenir d'expressions qui pourraient faire éclore chez l'auteur des ambitions irréalisables. Se taire ou critiquer avec bienveillance, c'est en pareil cas rendre service, non seulement au littérateur novice auquel on évite peut-être des mécomptes, mais encore à la société à qui on évite un véritable dommage. Des poèmes où la poésie est absente, des livres où l'on ne trouve ni faits intéressants, ni pensées sérieuses, ne nuisent pas seulement à la collectivité par un gaspillage inutile d'encre et de papier, mais contribuent à étouffer sous leur poids les écrits d'un véritable mérite. Nos devoirs envers l'humanité tout entière nous imposent donc, dans une foule de cas, l'abstention de tout éloge. La bienfaisance négative oblige alors à garder le silence.

La source d'un mal social moins répandu, mais plus manifeste encore, réside dans la complaisance que l'on met à applaudir des personnes pourvues d'une éducation musicale moyenne, mais dénuées de véritables dispositions pour la musique, et à qui on demande cependant à toute occasion de jouer pour faire prétendûment plaisir à la société. C'est une conséquence du système social vicieux qui tend à faire de tous les hommes autant de sosies coulés dans le moule d'une même éducation et oblige les parents à faire donner à toutes les jeunes filles des leçons de chant et de piano ; peu importe qu'elles n'aient pas l'oreille musicale et qu'elles soient réfractaires aux exercices auxquels elles s'assujettissent. Chaque jour, pendant des années, on fatigue l'élève, on énerve le professeur, on ennuie les gens de la maison, on importune les voisins : tout cela pour que dans une soirée la jeune personne puisse estropier une romance ou écorcher un morceau de piano devant des invités qui diront d'un ton hypocrite : « C'est charmant, mademoiselle. » Sans aucun doute, le souci de l'intérêt public vient ici s'ajouter au respect dû à la vérité et interdit toute phrase élogieuse. Une bienfaisance négative d'ordre supérieur prohibe des louanges qui, banales si on les considère séparément, contribuent dans leur ensemble à l'affermissement d'un système corrupteur de toute vie sociale.

Il va de soi que les devoirs envers la société proscrivent avec plus d'énergie encore les panégyriques immérités prononcés parfois par les critiques qui s'adressent au grand public.

§ 424. — Une autre forme de l'éloge voisine de la flatterie comporte elle aussi des restrictions : c'est la flatterie tacite qu'implique l'adhésion constante à toutes les opinions d'une autre personne. S'il faut blâmer la tendance à toujours contredire, il faut désapprouver également ceux qui trouvent moyen de souscrire à tout ce qu'on dit : une telle disposition d'esprit peut procéder en partie d'un sentiment de sympathie, mais elle procède encore davantage d'une sorte de servilité.

Sans doute le respect de la vérité doit déjà faire condamner cette tendance illégitime d'adhérer à tous les jugements d'un autre. Chez tous les hommes, hormis ceux qui n'ont d'idées d'aucune sorte, il est inévitable que des divergences d'opinions naissent fréquemment entre interlocuteurs ; or décerner des éloges contraires à notre conviction, c'est, de l'avis unanime, agir malhonnêtement. Mais la sincérité n'est pas seule à mettre un frein à ces éloges tacites ; une bienfaisance négative clairvoyante arrive au même résultat. Il n'est pas indifférent qu'un autre homme continue à croire vrai ce que vous avez des raisons de considérer comme faux. Tout acquiescement donné à une assertion ou à une opinion inexacte peut être la cause d'un double dommage. L'erreur en elle-même peut avoir des conséquences préjudiciables ; elle peut en outre développer une présomption démesurée. Enfin, dernier effet de ce parti pris de complaisance, l'absence de toute lutte entre opinions opposées finit par ôter toute saveur au commerce social. Emerson dénonce dans un de ses ouvrages l'homme qu'il appelle une « bouillie de concessions » ; il est clair en effet qu'entre gens de cette humeur, la conversation n'a plus aucun sel. Les opinions nettes et les individualités fortement accusées s'effaceraient pour faire place à une fade uniformité, si tout le monde ne visait qu'à être agréable à tout le monde en souscrivant à tout ce qui se dit.

Dans des questions de ce genre, la bienfaisance négative prescrit pourtant le silence lorsqu'une contradiction déclarée ne pourrait amener rien de bon. Un certain tact est souvent nécessaire pour conserver l'attitude qui convient et qui consiste à ne jamais contredire inutilement, comme à ne jamais adhérer à une opinion que dans son for intérieur on désapprouve. Dans certaines circonstances ce tact vient à propos au secours d'une bienveillance judicieuse.

§ 425. — La bienfaisance négative a encore l'occasion d'exercer une action restrictive à propos des honneurs publics à décerner à un homme qui n'a fait que s'acquitter fidèlement des obligations de sa place.

Bien des personnes ont pu juger combien il est devenu nécessaire d'opposer une résistance passive à la manie des témoignages honorifiques offerts par souscription et d'empêcher cet abus de se propager. On propose de faire hommage à quelqu'un de son portrait pour reconnaître des services rendus. Si l'homme auquel on réserve cet honneur, éprouve pour ses semblables une véritable sympathie, il préférera se passer de cette marque d'estime et ne pas exposer ses amis aux contributions qu'ils devraient acquitter dans le cas contraire : il ne peut ignorer en effet que la plupart du temps ces souscriptions sont imposées par une sorte de contrainte morale. Mais si le bénéficiaire n'est pas doué du désir de ménager ses amis et s'il laisse aller le projet, le souci de l'intérêt public suffira le plus ordinairement à justifier un refus de souscrire.

Même alors que l'hommage affecte la forme d'un diplôme d'honneur sans valeur pécuniaire, d'excellentes raisons peuvent souvent expliquer le refus de participer à cette démonstration. On peut être arrêté par la conviction que les services rendus ne sont pas en rapport avec l'honneur accordé : combien de fois en effet on récompense non les plus méritants, mais d'autres moins dignes de cette faveur et l'on égare ainsi l'opinion publique. On peut être encore guidé par l'idée qu'une personne qui s'est bien acquittée de ses fonctions, n'a aucun droit à un éloge exceptionnel : le sentiment du devoir et non le désir de la louange devrait en effet dicter à tous une telle conduite.

Ceci nous amène à une dernière raison de se montrer réservé dans l'éloge, raison que j'ai déjà indiquée dans les *Principes de psychologie*, aux §§ 519-523. Les sentiments d'ego-altruisme ont été, depuis l'âge le plus reculé jusqu'à l'époque moderne, les principaux éléments régulateurs de la conduite de l'homme vivant en société ; ces sentiments ont eu leur utilité en l'absence de sentiments altruistes d'une puissance suffisante. Les mobiles de la vie ont été la soif de la réputation, de la renommée, de la gloire et non le désir de bien s'acquitter de sa tâche, de remplir ses devoirs, de se conduire avec bonté. L'amour de la louange a, dans une notable mesure, tenu lieu de l'amour de la droiture. Les sentiments pro-moraux ont eu à exercer l'empire et à suppléer les sentiments moraux trop faibles pour agir à leur place. Il suit de là que, dans un état de civilisation sociale et individuelle supérieure, ce qu'on a nommé la dernière faiblesse des esprits généreux est appelé à s'atténuer considérablement ; on y recherchera et on y prodiguera moins les éloges. L'homme obéira à des mobiles plus élevés que le désir d'être loué ; moins appréciée, la louange sera plus rare. Cette conclusion a pour corollaire qu'il faut décourager la passion des éloges. Le désir prévoyant de contribuer au progrès de l'humanité sera dans l'avenir un motif suffisant pour s'abstenir dans mainte circonstance d'adresser des éloges, surtout s'ils sont quêtés avec avidité.

# CHAPITRE VIII

## LES SANCTIONS ULTIMES

§ 426. — Encore que dans les chapitres précédents j'aie eu l'occasion d'indiquer en passant l'origine du devoir de la bienfaisance, je n'ai traité spécialement ce sujet dans aucun d'eux, jugeant préférable d'en faire ici une étude approfondie et générale.

Puisque la conservation et le bonheur de l'espèce ou de cette variété de l'espèce qui constitue la société, constitue un desideratum, il s'ensuit que les modes de conduite que la bienfaisance négative prescrit comme obligatoires, trouvent leur justification éloignée dans le fait qu'ils contribuent au double but de la conservation et du bonheur de la race. Aussi avons-nous reconnu que certaines restrictions à la libre concurrence sont commandées, non pas seulement dans l'intérêt d'un compétiteur en danger d'être ruiné sans avantage pour personne, mais encore dans l'intérêt général de la société, qui souffrirait d'un bouleversement partiel de son système de production et de répartition. Nous avons admis implicitement que la nécessité d'apporter certaines restrictions à la liberté des contrats s'impose par la considération du tort extrême que ferait aux individus et du tort considérable que ferait à la société et à chaque variété locale de l'espèce humaine, leur exécution littérale en toutes circonstances. Nous avons aussi admis implicitement l'existence d'autres raisons analogues entraînant la condamnation de diverses atteintes plus légères portées au principe fondamental de la coopération sociale, qui exige que dans l'état ordinaire des choses chaque individu ne reçoive ni plus, ni moins que le véritable équivalent de ses services.

Il convient d'ajouter que la conservation et le bonheur de la race ou de sa variété constituent aussi la sanction finale de la catégorie des devoirs prescrits par la bienfaisance négative, dont il a été traité sous le titre de restrictions à l'éloge et au blâme. Celles de ces restrictions qui sont justifiées en toutes circonstances, ont en effet en vue le bien-être futur de l'individu loué ou blâmé et son amélioration définitive. Mais l'amélioration de l'individu c'est sa meilleure adaptation à la coopération sociale ; cette adaptation elle-même contribuant à la prospérité sociale, contribue en même temps à la conservation de la race.

§ 427. — La deuxième sanction est corrélative de la première et se confond même avec elle à un certain point de vue : la conservation de la race n'est en effet désirable que si la race est destinée à être heureuse. Nous avons mis ce point en évidence au § 16. « Nous avons vu, disions-nous, les pessimistes et les optimistes s'accorder au moins sur ce postulat : que la vie est digne d'être bénie ou maudite, suivant que sa résultante est en moyenne agréable ou pénible... Cette vérité, — que nous jugeons la conduite bonne ou mauvaise suivant que la somme de ses effets pour nous, pour les autres, ou pour tous à la fois, est agréable ou pénible — un examen attentif nous l'a montrée impliquée dans tous les jugements ordinaires sur la conduite : la preuve en est qu'en renversant les mots on tombe dans l'absurde. Nous avons constaté en outre que toutes les autres règles de conduite que l'on a pu imaginer tirent leur autorité de ce principe. » En effet, la « perfection du caractère », « la vertu de l'acte », « la rectitude des motifs » ne se conçoivent plus, si on les sépare de la conception du bonheur envisagé comme but final pour soi-même et pour autrui. D'où cette conclusion : puisque la sanction dernière de la conduite à laquelle nous donnons la qualification de bienfaisante, réside dans la tendance à la conservation de l'espèce, cette sanction implique en même temps une autre sanction dernière : la tendance au bonheur tant général que particulier ; la proclamation de ces deux sanctions n'est que l'expression d'une même vérité envisagée à deux points de vue différents.

La corrélation fondamentale entre ces deux éléments est, ainsi que nous l'avons déjà vu, nécessaire : elle s'est inéluctablement établie au cours de l'évolution vitale. En effet, dans tous les types d'êtres inférieurs à l'espèce humaine, le seul mobile qui ait inspiré certains actes ou détourné de certains autres, a toujours dû être le sentiment agréable ou pénible qui s'associait à leur accomplissement ; d'où il suit que chez les myriades de générations d'êtres antérieurs à l'homme, il s'est développé des rapports organiques entre le plaisir et les actes utiles, comme entre la douleur et les actes préjudiciables, tantôt à l'individu, tantôt à l'espèce, tantôt à l'un et à l'autre à la fois. Les plus essentiels de ces rapports, ceux qui ont trait aux besoins de la vie physique, se sont transmis par voie d'héritage à la race humaine, sauvage ou civilisée ; ce sont, en somme, des guides capables de la diriger vers le bonheur de l'individu et de l'espèce. Sans doute l'évolution qui a substitué aux besoins de la vie sauvage les exigences de la vie civilisée, a fait tomber en désuétude quelques-uns des plus complexes de ces rapports ; mais leur appropriation aux besoins nouveaux, déjà en partie effectuée, devra se poursuivre pendant des siècles pour arriver à établir l'harmonie complète entre les sentiments et les besoins : aussi est-il impossible d'abolir entièrement cette méthode primordiale de direction. L'être humain, lorsque sa nature aura subi la réorganisation nécessaire, aura avec les êtres inférieurs cette similitude que les éléments supérieurs comme les éléments inférieurs de sa nature seront appropriés aux conditions de son genre de vie ; cette appropriation sera telle que chez lui comme chez eux, toute action tendant à son bonheur et à celui de l'espèce sera devenue une source de plaisir.

Par conséquent, les deux sanctions corrélatives de la bienfaisance sont la tendance au bonheur immédiat ou éloigné ou à ce double bonheur, et la tendance qui en résulte, à la conservation de l'espèce ou de la variété de l'espèce, considérée comme destinée à jouir dans l'avenir d'une plus grande somme de bonheur. La conception vulgaire de la bienfaisance implique du reste une reconnaissance tout au moins confuse de notre proposition. En effet, elle considère universellement comme malfaisant et non comme bienfaisant tout type de conduite tendant à accroître dans le présent, dans l'avenir ou à la fois dans le présent et l'avenir, la somme des malheurs qui pèsent sur l'humanité.

Bien que figurant dans les chapitres où il a été traité de la Bienfaisance négative et formant en quelque sorte le commentaire des actions étudiées sous ce titre, les considérations qui viennent d'être développées sur la nature de la Bienfaisance en général, s'appliquent également et avec plus d'évidence encore aux actions que nous classons sous le titre de Bienfaisance positive, et dont nous allons aborder l'examen.

# LA
# BIENFAISANCE
## POSITIVE

# CHAPITRE PREMIER

## LA BIENFAISANCE CONJUGALE

§ 428. — Dans l'histoire écrite de l'humanité, les pages les plus tristes sont celles qui retracent les traitements réservés à la femme ; nous en trouverions des récits encore plus affligeants si nous pouvions lire cette partie de l'histoire qui n'a jamais été écrite. C'est bien là ce qu'il a de plus navrant dans l'histoire, malgré les faits d'une horreur plus éclatante : le cannibalisme, les tortures infligées aux prisonniers, les sacrifices humains offerts aux esprits et aux dieux ; car ces atrocités n'ont été qu'occasionnelles, tandis que la brutalité envers les femmes a été un fait universel et constant. Si, après avoir observé leur état de sujétion chez les peuples à demi civilisés, nous passons aux peuples non civilisés et si nous considérons l'existence vouée à la peine que la presque totalité de leur sexe doit y supporter, si nous songeons en outre à ce qui a dû se passer chez les peuples encore plus barbares qui, pendant des milliers d'années, ont erré sur la surface de la terre alors inculte, nous reconnaîtrons que la somme des souffrances que la femme a eu et a encore à endurer, dépasse toute imagination.

Je l'ai indiqué précédemment : ces mauvais traitements infligés aux femmes sont en vertu d'une loi inéluctable inhérents à la lutte chronique pour la vie qui sévissait presque partout entre tribus et qui sévit encore sur certains points du globe (§ 335). La brutalité développée chez l'homme par ses rapports avec ses ennemis avait sa répercussion nécessaire sur la vie quotidienne. A l'intérieur de la tribu comme au dehors, le plus faible devait se garer. Un manque absolu de sympathie condamnait inévitablement les femmes à souffrir les effets de l'égoïsme masculin sans autre limite que la capacité de la victime à endurer les maux qui l'accablaient. Au delà de cette limite, les mauvais traitements rendaient les femmes incapables de procréer un nombre suffisant d'enfants et finissaient par amener l'extinction de la tribu ; cette cause entraîna la disparition d'un grand nombre de peuplades : les seules qui survécurent furent celles où les sévices avaient été moins intolérables.

Il faut toutefois se garder de croire que les femmes ayant eu dans les temps passés et ayant encore dans maint endroit à supporter cette condition misérable, fussent ou soient par nature meilleures que les hommes. La brutalité naturelle a toujours été commune aux deux sexes et parfois elle est même plus accusée chez la femme que chez l'homme, témoin la rage qu'elles mettent à torturer les prisonniers dans certaines tribus du nord de l'Amérique. La seule chose vraie, c'est que l'égoïsme effréné et cruel, qui caractérise les deux sexes, s'est surtout appesanti sur l'être le moins capable de résistance. Les femmes ont été contraintes de porter tous les fardeaux, de faire tous les ouvrages pénibles, monotones et rebutants, d'attendre pour prendre de la nourriture que leurs maîtres se fussent repus et de se contenter des restes de ceux-ci.

C'est seulement à une période récente dans l'histoire de l'humanité, alors que les passions destructives ont cessé d'être constamment surexcitées par la lutte pour la vie entre des groupements humains grands ou petits, que le traitement réservé aux femmes a lentement commencé à devenir moins dur ; c'est seulement durant cette période qu'a germé chez l'homme l'idée que la femme a certains droits particuliers à invoquer dans ses rapports avec lui et qu'un sentiment correspondant à cette idée s'est enfin éveillé.

§ 429. — Peut-être irions-nous trop loin en attribuant cet adoucissement de la conduite de l'homme au sentiment conscient de son devoir. Peu à peu le caractère s'est modifié ; une amélioration s'est produite en même temps dans la conduite de l'homme envers la femme, amélioration qui a entraîné une transformation progressive des mœurs, sans autre sanction que l'autorité de ces mœurs elles-mêmes. Les femmes doivent les avantages qui leur ont été accordés de nos jours, en partie aux suggestions directes de la sympathie, en partie à l'influence des conventions sociales, mais nous ne voyons nulle part invoquer le fondement moral véritable de cette amélioration de leur sort.

Nous avons vu à diverses reprises dans les chapitres précédents qu'en plus de l'égalité que la justice nous ordonne d'établir en donnant la liberté de tous pour limite à la liberté de chacun, la bienfaisance nous exhorte à faire tous nos efforts pour réaliser dans l'avenir un autre genre d'égalité. Après avoir assigné à chacun une sphère d'action égale, elle nous incite à tenter de diminuer l'inégalité des avantages que l'être supérieur et l'être inférieur obtiennent dans leurs sphères respectives. C'est dans les rapports entre hommes et femmes que cette exigence doit être tout d'abord satisfaite. Même, en laissant de côté les questions qui touchent à sa capacité intellectuelle, il est hors de doute qu'au point de vue de la force physique, la femme n'est pas l'égale de l'homme et que sous ce rapport elle a un grand désavantage dans la bataille de la vie. Il est encore incontestable que la gestation est pour les femmes la cause d'un désavantage non moins grave en les rendant par intervalles presque incapables de faire usage de leurs forces. Bien que le soin d'assurer la subsistance de la famille soit dévolu à l'homme, il est certain que les devoirs absorbants de la femme l'obligeant à surveiller ses enfants chaque jour du matin au soir, la lient étroitement au logis et limitent en général le développement de son individualité. Il appartient à l'homme de redresser autant qu'il le peut, les inégalités qui se produisent inévitablement dans la vie des deux sexes et d'accorder à la femme les compensations qu'il lui doit.

Ainsi les procédés qui caractérisent dans les sociétés civilisées la conduite de l'homme envers la femme, ne sont pas, comme ils le paraissent tout d'abord, le fruit de conventions arbitraires. Consciemment ou non, l'homme moderne a conformé sa conduite à certaines prescriptions autorisées de la bienfaisance positive.

§ 430. — C'est surtout dans la sphère spéciale des rapports conjugaux, que les idées et les sentiments qui devraient présider aux rapports généraux entre l'homme et la femme, trouvent leur application. Ici plus que partout ailleurs, il est du devoir de l'homme de diminuer, autant qu'il est en son pouvoir, les désavantages inhérents à la vie de la femme.

Pendant les premiers temps de la vie conjugale, ce devoir est d'ordinaire respecté. Excepté chez les natures foncièrement brutales, le sentiment qui pousse à l'union des sexes, assure, tout au moins pour un temps, la reconnaissance des droits de la femme. Sa faiblesse relative est un attrait et suggère le désir de la mettre à l'abri des maux qui en découlent. Mais, bien que les penchants qui nous ont été légués par le type barbare de l'humanité, soient devenus moins exclusivement égoïstes, ils finissent au bout d'un certain temps par reprendre le dessus dans un grand nombre de cas. Il arrive fréquemment que la sollicitude témoignée au début diminue ; parfois même, avec ou sans excuse légitime, on oublie les égards que dicte l'usage.

Il est par conséquent nécessaire d'avoir toujours présente à l'esprit la véritable base morale de l'esprit d'abnégation sympathique qui doit animer les hommes envers les femmes en général et les maris en particulier. Tant que l'on attribuera une origine conventionnelle au code de la conduite qui règle les relations générales des sexes et plus spécialement les relations conjugales, on sera plus porté à en transgresser les injonctions que si on les fait découler de cette forme de la bienfaisance qui cherche à rendre moins inégales les conditions d'existence des personnes à qui la nature a dévolu des avantages inégaux.

Les épisodes de la vie féminine au cours de la gestation imposent une attention temporaire et toute spéciale. Cette période est accompagnée ordinairement de troubles plus ou moins marqués qui affectent la santé, parfois aussi de troubles intellectuels. Lorsqu'il est avéré que ces perturbations tiennent aux fonctions dont les femmes ont tant à souffrir, il convient de traiter ces dernières avec tendresse. Il peut encore se produire un phénomène plus général qui prête à des erreurs ayant parfois pour effet de diminuer l'affection réciproque. Il arrive assez souvent, ainsi que je l'ai précédemment indiqué, que l'antagonisme entre la reproduction et l'individuation amène chez la femme une dépression sensible de l'activité mentale. Les goûts intellectuels bien marqués avant le mariage, diminuent ou disparaissent complètement et le savant qui espérait trouver dans sa femme une réelle sympathie pour ses travaux, se trouve déçu : de là un éloignement qui mène au relâchement de l'esprit domestique. Mais une bienfaisance vraiment éclairée s'expliquera cet affaiblissement des facultés cérébrales et l'envisagera avec regret sans doute, mais sans irritation : il s'y joindra même une sorte de sympathie exceptionnelle, à la pensée des plaisirs de l'intelligence qui sont perdus pour la femme.

§ 431. — Les sacrifices légers ou grands qu'il est du devoir d'un mari de faire à sa femme, ne sont assurément pas sans limites. En effet si d'un côté la nature morale encore si imparfaite que nous a léguée le passé, fait souvent négliger aux maris les attentions qu'une juste bienfaisance réclame de leur part, de l'autre elle pousse fréquemment les femmes à émettre et à maintenir des prétentions injustifiées. Il leur arrive alors de revendiquer et d'obtenir bien au delà de la compensation normale due aux désavantages résultant de leur sexe.

Des relations de ce genre s'établissent souvent au cours d'une première grossesse. A ce moment, il est difficile de résister aux exigences d'une femme. Toute agitation mentale peut avoir des conséquences désastreuses et le mari qui les redoute, se voit obligé de céder, si déraisonnable que soit l'exigence manifestée. Une fois établis entre les époux, ces rapports tendent après quelques mois à devenir permanents. Il est clair qu'il en sera surtout ainsi lorsque la femme est de celles qui, sans droit à des sacrifices exceptionnels, témoignent de l'infériorité de leur caractère en exploitant l'avantage que leur donne leur situation.

Il est difficile de dire ce qu'il convient de faire dans ce cas ; la réponse dépend des circonstances. S'il n'est pas à souhaiter que le mari exerce sur la femme une suprématie trop despotique, il est encore moins désirable que la femme l'exerce sur son mari : la femme, être plus impulsif que l'homme, est loin, en effet, d'avoir l'esprit aussi pondéré. Sans doute il sera difficile de résister aux prétentions illégitimes de la femme dans les circonstances du début, mais on se refusera à les admettre par la suite, lorsque la menace de malheurs possibles aura disparu. Une telle résistance est même nécessaire au bonheur des deux époux. En effet, comme c'est surtout la virilité du caractère, c'est-à-dire la manifestation de l'autorité, qui plaît aux femmes et qui rend leur affection durable, l'effacement de l'autorité maritale, se traduisant par de perpétuelles capitulations, diminue leur affection et porte à la longue atteinte au bonheur conjugal. Cette vérité d'expérience que souvent la femme préfère l'homme fort qui la maltraite à l'homme faible qui la gâte, montre l'erreur d'un mari qui accepte un rôle subordonné.

Cependant toutes les questions de ce genre procèdent d'un état de la nature humaine encore aussi mal préparé à l'harmonie de la vie domestique qu'à celle de la vie sociale et ne sont guère susceptibles de réponses très précises. Une sympathie active et la bienfaisance, qui en est le fruit, sont indispensables au mari aussi bien qu'à la femme ; leur absence engendre de déplorables résultats auxquels il est impossible de porter remède. Tout ce que l'on peut dire, c'est qu'il vaut encore mieux exagérer la bienfaisance nécessaire chez un mari que d'en témoigner trop peu.

§ 432. — Il va de soi que la bienfaisance conjugale doit être réciproque. Si ce sentiment est surtout obligatoire pour le mari envers sa femme, cette dernière doit dans une large mesure le payer de retour. Si elle ne doit pas comme lui de compensations à une faiblesse relative et à des conditions d'existence désavantageuses, elle lui doit, en échange de ses bons procédés et des sacrifices qu'il lui fait, les bons offices et les menus sacrifices dont la vie domestique ramène souvent l'occasion.

La femme doit donc reconnaître et dans une certaine mesure acquitter la dette qu'elle a contractée envers celui qui gagne le pain du ménage : le contrat tacitement passé entre les époux implique cette conséquence comme un acte de justice. Mais en dehors de l'exécution de ce contrat tacite et de l'accomplissement des obligations domestiques indispensables, la bienfaisance trouve à s'exercer dans les innombrables petits actes qui contribuent à rendre une maison heureuse. Si dans les classes les moins cultivées on voit fréquemment des maris ne tenir aucun compte des droits de leur femme et l'accabler de travaux dont les hommes seuls devraient avoir la charge, on voit non moins souvent des femmes d'une tenue débraillée flâner sur le seuil de leur maison, perdre leur temps à bavarder et négliger leur tâche domestique au point de causer des querelles incessantes et de plonger leur famille dans la misère. Combien de femmes, dans les classes aisées, perdent leur temps à lire des romans, à faire des visites, à mille petites occupations de fantaisie et ne vont presque jamais dans leur cuisine, s'en remettant aux domestiques de l'accomplissement de leurs devoirs de ménagère ! En dehors de la direction du ménage qu'exigent à la fois la justice et la bienfaisance, on est en droit de demander à une femme de la sympathie pour les affaires, les projets et les préoccupations de son mari. Il est vrai de dire que beaucoup de femmes s'acquittent spontanément de ce devoir ; mais il est également vrai d'ajouter qu'elles ne tentent que peu ou point de s'associer à ses goûts ou aux occupations de ses heures de loisir. Comme exemple d'omission des menus offices que réclame une juste réciprocité, citons la facilité avec laquelle des jeunes femmes qui, avant leur mariage faisaient journellement de la musique, l'abandonnent complètement après leur mariage.

§ 433. — Il convient de faire une remarque : tous les bons procédés entre époux qui dépassent les exigences de la justice, c'est-à-dire le contrat tacite en vertu duquel le mari est tenu de nourrir et de protéger les siens, et la femme de s'acquitter de ses devoirs domestiques et maternels, tous ces bons procédés, disons-nous, doivent avoir un caractère spontané. Je l'ai déjà dit, la bienfaisance forcée cesse d'être la bienfaisance.

Par malheur, un grand nombre des actes qu'inspire la bonté, finissent par s'accomplir mécaniquement, à mesure que le pli en est pris, et perdent ainsi une grande partie de la beauté morale qui les distinguait. Lorsqu'on en vient à réclamer comme un droit ce qui n'était qu'une concession, le sentiment de plaisir réciproque, qui tout d'abord s'associait à cet acte, disparaît pour faire quelquefois place à un sentiment contraire ; la revendication de ces prétendus droits implique l'égoïsme et leur concession n'est plus le fruit de la sympathie.

Ainsi donc, il est désirable de conserver autant que possible dans les relations entre hommes et femmes et spécialement dans les relations conjugales, la distinction qui sépare la justice de la bienveillance, de manière à laisser à ce dernier sentiment un caractère toujours nouveau de bonté spontanée et imprévue.

C'est seulement lorsque chacun des époux se montre soucieux des droits de l'autre, que la bienfaisance intégrale se réalise dans les rapports conjugaux. Tant que persiste l'attitude fréquente où chacun maintient ses droits et prétend résister à des empiétements, il ne peut être question d'une parfaite harmonie. On ne parvient au degré supérieur de la bienfaisance que le jour où chacun des époux est plus désireux de se sacrifier que de réclamer des sacrifices.

# CHAPITRE II

## LA BIENFAISANCE PATERNELLE

§ 434. — Bien des passages de notre chapitre sur la « Parenté » qui fait partie de la *Morale personnelle*, auraient pu aussi bien, sinon mieux, figurer sous le titre qui précède. Mais la conduite des parents envers les enfants peut encore être étudiée à divers autres points de vue qui n'ont pas été traités dans le chapitre en question et qui restent à examiner ici.

On peut, pour parler en général, affirmer que la conduite des parents envers les enfants offre un exemple de bienfaisance exceptionnelle. Bien que dans les rapports de parents à enfants l'égoïsme l'emporte par intervalles sur l'altruisme, bien qu'il y ait une sorte d'affection égoïste qui sacrifie les intérêts supérieurs de l'enfant au plaisir immédiat de se procurer une douce émotion, il est moins besoin en cette matière de prescrire la bienfaisance que certaines restrictions qu'elle comporte.

Il faut substituer la bienfaisance réfléchie à la bienfaisance irréfléchie. Dans bien des cas, tandis que l'on donne libéralement à l'enfant tout ce qui peut être utile à son développement physique et qu'on met à sa disposition les maîtres et tous les moyens propres à hâter son développement intellectuel, on lui mesure avec parcimonie la réflexion et la direction morale nécessaires à une bonne éducation.

§ 435. — Rien ne coûte plus à la plupart des gens que la réflexion. On trouve un exemple de la manière dont ils envisagent les choses en général dans ce fait que par toute la terre quatre-vingt-dix-neuf individus sur cent acceptent comme vraie la foi religieuse dans laquelle ils sont nés. Presque tous continuent machinalement le train routinier auquel ils sont accoutumés et non seulement n'y voient aucun mal, mais encore se refusent à avouer que ce soit un défaut quand il leur est signalé. Cette répugnance pour la réflexion manifestée en toutes choses, se montre également dans les rapports avec les enfants. Il est tacitement admis qu'en pourvoyant convenablement à leurs besoins physiques et en leur donnant des professeurs payés par eux ou par l'Etat, les parents ont rempli leur devoir jusqu'au bout.

Mais la bienfaisance des parents, bien comprise, ne s'en tient pas là. Ils peuvent déléguer à des étrangers certaines parties de l'éducation, mais non pas toutes. S'il y a avantage à laisser à des professeurs le soin d'achever l'éducation intellectuelle de l'enfant, c'est aux parents qu'il incombe de la commencer et de se charger à tout âge de l'éducation des émotions. D'autres peuvent les assister, mais non les remplacer. Un enfant que l'on porte encore sur les bras, manifeste déjà sa curiosité d'esprit en approchant l'objet qu'on lui a donné de votre figure afin de vous permettre de regarder cet objet. Parvenu à l'âge de la parole, il ajoute constamment à ce qu'il dit la forme interrogative « Dis ? », témoignant ainsi de son désir de voir confirmer ou contrôler son opinion. C'est aux parents avant tous autres à répondre à ce besoin intellectuel et à veiller à ce que cette curiosité de l'enfant serve de base au progrès normal de son instruction. En effet, l'affection des parents, s'il s'y joint une intelligence observatrice et judicieuse, saura communiquer à ce développement progressif un intérêt véritable et supérieur à celui que pourraient lui donner des étrangers. La bienfaisance des parents s'attachera à satisfaire la soif de savoir que révèlent les perpétuelles questions de l'enfant ; de temps en temps elle élargira son horizon en lui suggérant de nouvelles séries d'investigations concernant des faits que son intelligence est capable d'apprécier. On objectera peut-être que les fatigues des affaires pour le père et les occupations domestiques pour la mère ne leur permettent pas de se charger de ce soin. Mais il suffira, pour aider et diriger l'effort personnel de l'enfant, de lui accorder chaque jour quelque peu d'attention et les parents doués d'une culture suffisante prendront plaisir à surveiller ses progrès.

La direction au sein de la vie de famille est encore plus nécessaire pour la formation du caractère aussi bien à la fin qu'au début de l'éducation. Si la conduite des parents a été ce qu'elle devait être, l'affection réciproque qui s'est établie, leur donne plus qu'à toute autre personne un pouvoir supérieur sur les émotions de l'enfant : un bon père regardera comme un devoir quotidien d'utiliser pour le mieux cette influence. Il n'aura pas recours aux châtiments rarement nécessaires si les rapports établis sont ce qu'ils doivent être ; il exercera son influence par des signes d'approbation ou d'improbation, de sympathie ou d'aversion selon que les actions de l'enfant seront conformes au type de conduite adoptée ou s'en écarteront. Lorsque dès le début il a persévéré dans une bonne méthode et lorsqu'il possède cette raison imaginative qui sait adapter les modes d'exercice de l'autorité aux traits particuliers du caractère, l'éducation morale cesse d'être un ennui et devient un plaisir.

Mais quelles que puissent être les difficultés d'une telle tâche, la bienfaisance des parents comprend les soins à donner à l'esprit aussi bien que les soins à donner au corps. Puisqu'il faut élever les enfants de manière à les préparer à la vie, il est absurde de supposer que les parents n'ont à s'occuper que d'un des éléments de cette préparation et peuvent négliger l'autre.

§ 436. — Souvent la bienfaisance des parents restée en deçà de ce qu'elle devrait être à certains points de vue, est excessive à d'autres ; disons plutôt qu'elle les pousse à chercher le bonheur immédiat de leurs enfants, sans avoir égard à leur bonheur futur. Je fais naturellement allusion à l'habitude tant de fois constatée et partout condamnée de gâter les enfants.

Si l'éducation a pour but de préparer l'adaptation à la vie adulte, elle doit veiller à ce que la vie de l'enfant pendant ses jeunes années soit l'image de la vie qu'il mènera plus tard et y introduire une certaine proportion, sinon la même, entre le travail et les plaisirs. Sans doute l'enfance, époque de croissance et de développement, doit différer de l'âge mûr en ce sens qu'au double point de vue physique et intellectuel, il faut lui donner davantage et moins en exiger. Il convient néanmoins de commencer dès le début à établir cette relation entre l'effort et le résultat qui s'accusera si nettement à l'âge mûr. Il ne faut pas donner à tout propos des récompenses qui ne correspondent pas au travail accompli. Une bienfaisance prévoyante évitera de combler tous les désirs de l'enfant.

Au mal que cause une trop grande disproportion entre l'effort et la récompense vient de nos jours s'en ajouter un autre qui sévit, non pas dans les classes pauvres de la société, mais chez les gens fortunés. Accordant à l'enfant nombre de plaisirs sociaux qui devraient être réservés aux adultes, il s'ensuit que l'âge adulte ne leur apporte pas à beaucoup près ce qu'il devrait leur donner. Dans une éducation rationnelle et sans avoir recours à trop de plaisirs artificiels, le monde ambiant et les incidents de la vie quotidienne procurent à l'enfant des plaisirs qui suffisent largement à occuper ses loisirs : une sage bienfaisance prendra soin d'en tirer un bon parti et évitera les maux que causent à leur fils ces parents trop indulgents qui font de lui un *blasé* avant qu'il soit entré dans la vie véritable.

§ 437. — La bienfaisance des parents, bien équilibrée sous tous les autres rapports, est souvent en faute sur un seul point par suite d'un défaut de cet empire sur soi-même qui permet de répartir également sa tendresse et ses attentions entre tous ses enfants. Cette conduite entraîne des conséquences très fâcheuses dont il semble que l'on n'ait guère conscience.

Il est naturel que les parents ne puissent éprouver une égale affection pour tous leurs enfants. La loi de l'instabilité de l'homogène se manifeste dans ce détail comme partout ailleurs. Il se produit inévitablement une gravitation vers l'inégalité et vers un favoritisme plus ou moins accentué. Dès leur naissance, certains enfants attirent moins que les autres l'affection maternelle et, une fois qu'elle est établie, la différence des sentiments qu'ils ont inspirés a une tendance à s'accroître encore de la différence de traitement qui en résulte et de la différence dans l'affection accordée en retour.

Cet exemple montre combien il importe de mettre un frein aux instincts aveugles, fussent-ils d'origine altruiste, et de leur donner pour guides des sentiments supérieurs. La bienfaisance et la justice s'accordent en effet à prescrire d'approcher autant que possible de l'égalité dans la conduite envers les enfants, c'est-à-dire de leur assurer une part égale dans les soins et la tendresse de leurs parents. Nul ne contestera qu'en bonne justice chaque enfant a autant de droit que les autres aux soins que les parents sont appelés à donner à leur développement et il n'est guère possible de nier que les parties de la conduite des parents, qui sortent du domaine de la justice pour passer dans celui de la bienfaisance, doivent être réparties entre les enfants avec une équité approximative.

Il est nécessaire que dans cette sphère les sentiments maîtrisent les instincts, car le favoritisme est cause d'immenses malheurs dans les familles. Des parents dont l'esprit est élevé à bien des égards, traitent souvent avec dureté certains de leurs enfants et ne leur témoignent que de l'indifférence, tandis qu'ils prodiguent leur affection à leurs frères et à leurs sœurs. Ce n'est pas une chose indifférente que de jeter un voile de tristesse sur une vie d'enfant. Mais une telle conduite ne cause pas seulement des maux directs, elle entraîne encore des maux indirects.

La dépression intellectuelle qu'elle amène, pousse au découragement de l'enfant et paralyse souvent son développement intellectuel ; l'éveil de sentiments de rancune et de jalousie modifie son caractère dans un sens défavorable. L'empire que sait acquérir un père entretenant des relations sympathiques avec son enfant, fait alors défaut.

La bienfaisance des parents est rarement plus indispensable que lorsqu'elle a pour effet de résister à la tendance qui les pousse à répartir inégalement les marques de leur tendresse entre leurs enfants.

§ 438. — Il me reste à mentionner le genre le plus préjudiciable d'une bienveillance paternelle mal pondérée : c'est-à-dire l'exagération dans un sens associée à l'insuffisance dans tous les autres. Un père a rempli d'une manière tout à fait machinale ses devoirs envers ses enfants ; il n'a pris aucun soin de leur éducation intellectuelle ; il ne leur a témoigné pendant leur enfance que peu de sympathie et cependant il a consacré de nombreuses années à travailler sans relâche pour amasser une grosse fortune qu'il leur laissera en héritage. Sans doute le désir de les bien pourvoir n'a pas été l'unique, ni même peut-être le principal mobile de sa conduite ; le motif dominant aura souvent été le désir purement égoïste d'obtenir la considération que procure la richesse ; mais à ce sentiment s'est ajouté le désir de léguer à ses enfants un héritage qui leur permette de vivre sans travail et sans inquiétudes. Si tant est que cette conduite témoigne de la bienfaisance, cette bienfaisance est mal entendue.

Bien que le *régime* social contemporain avec ses grandes fortunes concentrées entre les mains de peu d'individus, soit un régime approprié et probablement essentiel au type actuel de l'humanité, on peut toutefois le regarder comme transitoire. De même que les temps modernes ont vu décliner les grandes inégalités politiques et les inégalités corrélatives d'influence qui caractérisaient les siècles passés, de même l'avenir verra sans doute s'effacer les grandes inégalités de fortune qui existent de nos jours. Il semble que, sortis du type social guerrier, nous passons à l'heure actuelle par un type social que caractérise un industrialisme belliqueux ; bien qu'ayant pour règle le régime contractuel substitué au régime du *statut*, cet industrialisme s'inspire en grande partie du vieil esprit militaire. Il ne pouvait en être autrement puisqu'une succession de siècles peut seule changer le caractère et les sentiments humains. Sans doute on doit s'attendre à ce qu'après le triomphe temporaire du socialisme et du communisme, des inégalités de fortune dont quelques-unes seront peut-être même considérables, viennent s'affirmer de nouveau et caractériser la société future ; mais nous pouvons cependant conjecturer que sous une forme sociale supérieure et lorsque se sera réalisé un type meilleur de l'humanité, il n'existera plus d'inégalités aussi marquées que de nos jours. On n'aura plus ni le moyen, ni le désir d'accumuler de grandes fortunes, et cette diminution des convoitises aura en partie pour cause la reconnaissance de cette vérité qu'au lieu d'y pousser, une bienveillance bien entendue chez les parents s'attache à les proscrire.

L'espoir d'être mis à même de vivre sans travailler et la réalisation de cet espoir exercent en effet une triste influence sur nos enfants. Je l'ai dit dans le chapitre sur l'« Activité » et répété ailleurs : la vie ne peut être véritablement saine si les bénéfices recueillis ne sont pas en proportion de l'effort accompli. L'homme, comme tous les autres êtres et les seuls parasites exceptés, est organisé conformément au principe que l'action doit pourvoir à la sustentation : si la sustentation est obtenue sans qu'il y ait eu action, il s'ensuit un dommage. Les fonctions organiques se relâchent et, si cet état persévère pendant plusieurs générations, il aboutit à une véritable décadence. Inutile d'insister sur cette vérité : c'est une remarque devenue banale que celle qui constate la démoralisation fruit de « riches espérances ».

En dépassant les exigences normales qui obligent à préparer intégralement l'enfant à une vie complète et à l'aider à débuter honorablement dans la vie, la bienfaisance des parents est encore désastreuse à un autre point de vue. Elle fait germer chez l'enfant des pensées et des sentiments en désaccord profond avec la relation filiale. Shakespeare nous fournit un exemple caractéristique de l'état d'esprit qui tend à prévaloir à la mort d'un père laissant à son fils une haute autorité, une grande fortune ou ce double legs à la fois, dans la scène entre Henri V et son père mourant. Le prince Henri s'excusant d'avoir pris en mains la couronne : « Je n'aurais jamais cru entendre encore le son de votre voix, » le roi lui répond : « Ton désir, Harry, a été le père de ta pensée. » Une preuve suffisante de l'existence de cet état d'esprit ressort du fait bien connu qu'une certaine jalousie tacite règne communément entre le détenteur d'un domaine substitué et son héritier en expectative. Tout homme ayant amassé une grande fortune que sa mort fera passer à ses enfants en les émancipant, est donc gravement exposé à voir poindre dans leur esprit le désir odieux de sa mort ; ce danger est inévitable. L'idée des richesses dont ils entreront en possession après son décès, brille à leurs yeux et bien que l'affection filiale puisse être assez forte pour la refouler, elle tend à revenir et ramène incessamment un conflit d'émotions de l'espèce la plus démoralisatrice.

Ainsi donc, l'habitude de pourvoir abondamment les enfants est à tous égards plus nuisible que bienfaisante. Non seulement elle les pousse à l'oisiveté et à l'insouciance quand ils sont jeunes, non seulement elle enracine chez eux ces vices de caractère lorsqu'ils ont recueilli l'héritage paternel : rendant ainsi leur vie anormale, elle porte préjudice à la fois aux parents et à la société. Un père qui s'absorbe dans les affaires, c'est-à-dire qui ne poursuit qu'un but matériel, ravale sa vie intellectuelle et mine sa force physique ; sa santé se délabre et sa fin sera prématurée. En même temps cette soif de la fortune inspire souvent cette âpreté dans la concurrence qui, ainsi que nous l'avons vu dans un précédent chapitre, non seulement ruine inutilement les concurrents, mais engendre encore un véritable mal social.

On peut donc conclure que le souci légitime de ses droits comme des droits de ses concitoyens et de la société, s'unit à une bienfaisance prévoyante pour déconseiller à un père de famille d'assurer à ses enfants une fortune qui les dispense de travailler.

# CHAPITRE III

## LA BIENFAISANCE FILIALE

§ 439. — Les premières années de l'enfant s'écoulent sans que pénètre dans son esprit la notion des obligations naturelles que lui imposent envers ses parents la justice et la bienfaisance. Sans doute on lui prêche à chaque instant le devoir de l'obéissance : parfois méconnu, ce devoir est souvent dûment admis. Mais toujours il est conçu comme ayant été établi par une autorité arbitraire, avec peu ou point d'idée de sa convenance naturelle.

Il arrive toutefois de temps en temps, surtout dans les familles peu aisées, qu'avant même l'adolescence un sentiment prédominant de sympathie pousse l'enfant à aider ses parents et à s'efforcer de soulager sa mère d'une partie de la tâche qui pèse spécialement sur elle ; dans ce cas, germe peut-être la pensée que l'aide offerte compense médiocrement les soins reçus pendant les années précédentes. Mais plus généralement cette louable assistance s'inspire directement de l'affection et du sentiment bienveillant qui s'en suit plutôt que de la reconnaissance des droits paternels.

Dans nombre de cas cependant et même, il y a lieu de le craindre, dans la majorité, l'approche de l'âge adulte n'engendre aucune idée de gratitude filiale considérée comme conséquence de la dette contractée par les enfants. Ils acceptent d'être nourris, vêtus, élevés comme une chose toute naturelle qui ne mérite aucun retour ; au contraire, ils murmurent quand ils ne peuvent obtenir ce qu'ils désirent. Un père vient-il en adressant une remontrance à son fils à lui rappeler les sacrifices qu'il a faits dans son intérêt et à réclamer tout au moins de la reconnaissance et la soumission à un désir raisonnable de ses parents, le silence du jeune homme fait voir qu'il admet ce droit incontestable, mais sans toujours éprouver le sentiment qui devrait s'éveiller en lui. Le plus souvent il regarde ses parents comme des sources préétablies de bienfaits dont il peut tout attendre et à qui rien n'est dû.

Telle est en effet la conception primitive. Chez tous les êtres animés en général, des rapports de ce genre existent entre chaque génération et celle qui la suit. Avec une énergie infatigable et un souci persévérant, le père et la mère élèvent leurs rejetons jusqu'à ce qu'ils aient atteint l'âge adulte et ces derniers, incapables d'apprécier ce que l'on a fait pour eux, sont également incapables d'éprouver aucun sentiment de reconnaissance. Cette forme animale de la relation qui unit les fils et les parents, persiste encore dans une large mesure dans l'espèce humaine. Souvent à un âge où il devrait pouvoir se suffire entièrement, le jeune homme réclame incessamment l'aide de son vieux père et exprime assez irrespectueusement son dépit si ce dernier ne cède pas à ses désirs. Sans doute dès les premiers âges on a souvent admis et proclamé la dette immense du fils envers le père et les devoirs qui en découlent ; témoin cette sentence du sage Egyptien Ani :

« On t'a mis à l'école et lorsqu'on t'enseignait à
« lire, ta mère est venue assidûment chez ton maître,
« t'apportant le pain et la boisson. Maintenant, tu es
« un homme, marié et tu as ta maison ; mais n'ou-
« blie jamais le travail pénible que ta mère a enduré,
« ni sa sollicitude pour toi. Veille à ce qu'elle n'ait
« pas lieu de se plaindre de peur qu'elle n'élève ses
« mains à Dieu contre toi et qu'il n'écoute sa prière. »
(*The Hibbert Lectures*, 1879, par P. Le Page Renouf, p. 102.)

Mais bien qu'universellement admise en théorie, cette obligation de l'enfant envers son auteur n'a guère été et n'est encore que très imparfaitement ressentie : il n'existe encore qu'une conscience insuffisante du devoir de s'en acquitter.

§ 440. — La conception communément reçue de la bienfaisance filiale est trop étroite. Les brutes exceptées, tout le monde sent que l'on doit protéger ses parents contre l'indigence ou des privations physiques immédiates, mais peu de gens comprennent le caractère obligatoire des prévenances continuelles, des menus bons offices, des témoignages d'affection auxquels les parents ont réellement droit. Une juste réciprocité n'implique pas seulement des services matériels, mais aussi des services moraux, — c'est-à-dire les efforts faits pour procurer à ses parents une vieillesse heureuse en échange des efforts qu'ils ont faits pour rendre heureuse la jeunesse de leurs enfants.

Il n'est guère de point de vue sous lequel la nature humaine soit autant en défaut que sous celui-ci. Si les peuples civilisés ne laissent plus, comme divers peuples sauvages, mourir d'inanition les vieillards, il arrive souvent qu'ils les laissent dans un abandon qu'on pourrait appeler une inanition mentale. Chaque enfant les quitte à son tour pour se marier et souvent ils finissent par mener une vie à peu près ou tout à fait solitaire. N'ayant plus l'énergie nécessaire pour jouir des plaisirs de l'activité et privés des plaisirs passifs de la société, ils endurent la lassitude des longues journées monotones. De temps en temps, tel ou tel enfant vient rendre une visite destinée à acquitter ce qu'il appelle son devoir filial et à calmer les scrupules de sa conscience, si toutefois sa nature est assez portée à la sympathie pour en ressentir ; mais la sollicitude affectueuse capable d'embellir les derniers jours des parents autant qu'ils devraient l'être, se rencontre rarement. Et pourtant, dans un système social bien ordonné, les dernières années devraient apporter la récompense d'une vie vertueuse et des devoirs ponctuellement accomplis.

Il est urgent et indispensable d'exhorter les hommes à pratiquer la bienfaisance filiale et cependant il est impossible d'indiquer les moyens d'en assurer l'exercice. Il ne saurait être question de s'adresser aux vieillards, puisqu'ils sont eux-mêmes appelés à en recueillir les fruits. On ne peut s'attendre à obtenir des jeunes gens une bienfaisance adéquate à ce qu'elle devrait être, car le seul fait du besoin qui s'en fait sentir, implique chez eux l'insuffisance du sentiment qui l'impose. Enfin les professeurs officiels de vertu ne traitent ce sujet que rarement et quand ils l'abordent, leurs conseils sont inefficaces.

Si les maîtres rétribués pour enseigner aux hommes la conduite de la vie n'arrivent pas à convaincre de la nécessité de la bienfaisance filiale dans l'intérêt des parents, ils y réussissent encore bien moins au point de vue de l'intérêt des enfants eux-mêmes. Ayant négligé de prêcher les droits du père et de la mère sur leurs enfants, ils exposent ceux-ci à souffrir, au déclin de la vie, du remords de ne pas avoir accompli leur devoir alors qu'il est trop tard pour l'accomplir. Laissés ainsi en proie aux douloureuses pensées qui leur rappellent la tristesse des dernières années de ceux dont ils auraient dû si tendrement prendre soin, les enfants devenus vieux à leur tour voient cette tristesse leur revenir à la mémoire, au moment même où leurs dernières années commencent à s'assombrir.

# CHAPITRE IV

## LES SECOURS AUX MALADES ET AUX BLESSÉS

§ 441. — Les matières comprises sous le titre de ce chapitre embrassent en partie le sujet des trois précédents, car la bienfaisance conjugale, la bienfaisance paternelle et la bienfaisance filiale prescrivent respectivement d'assister avec sollicitude tout membre de la famille éprouvé par la maladie ou par un accident. Il est dans l'ordre naturel qu'au besoin la maison devienne un hôpital et ses habitants des gardes-malades.

Que la bienfaisance commande ou non de secourir, même au risque d'un mal personnel, les malades et les blessés étrangers au groupe familial, elle édicte sans aucun doute cette obligation à l'égard de ceux qui en font partie. Si, comme on l'a vu, la conservation de l'espèce exige que le mari protège sa femme (en effet, toute l'espèce souffre du défaut de protection de la mère), la même raison exige qu'on assiste la femme livrée d'une manière quelconque à un état de dépression physique. De même la conservation de la famille implique comme condition nécessaire le soin réciproque de celui qui gagne le pain du ménage. Il est encore plus évident qu'il est nécessaire de veiller avec dévouement sur les enfants malades : le devoir général de ne négliger aucun moyen pour les élever jusqu'à l'âge adulte comprend en effet cette obligation en temps de maladie. C'est seulement dans le cas de parents malheureux et pourvus d'enfants parvenus à l'âge d'homme, que nous ne pouvons invoquer l'intérêt supérieur de l'espèce comme motif de les secourir. Le devoir d'assistance se déduit alors du fait qu'elle aura pour conséquence directe un accroissement de bonheur.

Comme dans les cas d'épidémies, les devoirs de cette catégorie doivent être remplis même au péril de la souffrance et quelquefois de la mort. La nature entière nous répète cette leçon. Sans parler de ce fait que chez d'innombrables espèces inférieures la vie du père et de la mère est entièrement sacrifiée à l'intérêt de la progéniture, nous voyons les instincts des êtres supérieurs pousser les parents, et surtout la mère, à affronter tous les périls pour protéger leurs petits : la survie des mieux adaptés a perpétué ce dédain du danger. Il faut donc tenir pour certain que, dans notre espèce, la morale ordonne à la mère de courir, le cas échéant, le risque de la contagion ; la seule objection importante pourrait être que la perte de sa vie entraînerait son inaptitude à s'acquitter de ses devoirs envers les membres survivants de la famille. Il n'existe, semble-t-il, aucune raison de ne pas imposer au père l'obligation de courir ce même risque, à moins toutefois qu'il ne soit seul à pourvoir aux besoins matériels de toute la famille, le membre malade y compris, et que l'incapacité de travail qui le frapperait, ne dût avoir pour conséquence de les exposer à mourir tous de faim.

Existe-t-il encore d'autres tempéraments aux sacrifices que la maladie de tel membre de la famille impose à l'un de ses autres membres ? Assurément. Une bienfaisance sage et bien pondérée ne ratifie pas le sacrifice des membres ayant une valeur relative à la conservation des membres d'une valeur relativement nulle. Chacun pourrait citer parmi ses relations des personnes qui ont ruiné leur santé et leur intelligence à soigner des parents malades demeurés absolument insensibles à ce sacrifice. Tantôt c'est une femme dont la seule occupation a été pendant dix ans de soigner un mari goutteux et qui meurt épuisée avant lui. Tantôt c'est une fille qui, après avoir assisté plusieurs années une mère infirme, se charge de donner les mêmes soins à une tante valétudinaire ; à force de périodes d'abnégation quotidienne et de devoirs pénibles, son esprit finit par se déranger. Tantôt enfin c'est un mari qui empoisonne ses dernières années en veillant sur sa femme atteinte de folie. Sans doute, dans de tels cas (qui sont tous survenus dans le petit cercle de mes relations), la bienfaisance exige un grand esprit de sacrifice ; cependant il eût fallu apporter un tempérament à ses prescriptions : elle n'exige pas que les personnes bien portantes perdent la vie pour rendre plus supportable la vie des malades. Il importe de trouver un compromis qui les exonère en partie de ces lourdes charges.

Il convient plus spécialement de ne pas souscrire sans restrictions aux exigences non fondées des infirmes qui vivent sous notre toit. Souvent toute une maison se soumet aux caprices d'un malade acariâtre, qui ne témoigne aucune gratitude. Il faut résister à cette tyrannie des faibles et autant pour réprimer leur égoïsme que dans l'intérêt de ceux qui les entourent, opposer un refus à leurs exigences déraisonnables. De tels infirmes ne sont pas seulement malades physiquement, mais encore moralement, et leur maladie morale, aussi bien que leur maladie physique, demande à être traitée. Il est nécessaire de rappeler à une juste appréciation, non des devoirs des autres envers eux, mais de leurs devoirs envers les autres, les maris âgés qui ont épousé de jeunes femmes, prétendent les réduire au rôle de gardes-malades, et refusent même que d'autres personnes viennent partager cette tâche avec elles. La maladie n'affranchit pas des obligations de la bienfaisance, et si un homme a le juste sentiment de ces obligations, il insistera pour que d'autres ne compromettent pas leur santé à son service.

§ 442. — Quant à la bienfaisance plus vaste qui se dépense à soigner des malades étrangers à la famille, il est difficile de rien dire de précis. Chaque cas est plus ou moins spécial en raison de la personnalité du patient ou des circonstances : des propositions générales ne trouvent que rarement leur application. Nous pouvons exposer cependant quelques considérations de nature à guider le jugement.

Si, de l'avis unanime, l'assistance d'un malade pèse en premier lieu sur les membres du groupe familial et en second lieu sur les personnes unies par la parenté, par contre, ce devoir n'incombe aux étrangers que dans une mesure beaucoup moindre. Ceux-ci peuvent à très bon droit se borner à une assistance indirecte, lorsque le malade la mérite et que son état la réclame. C'est seulement, semble-t-il, s'il n'a aucun parent ou si aucun d'eux ne peut remplir les devoirs de la parenté, que la bienfaisance exige des étrangers qu'ils lui donnent les soins nécessaires.

L'idée des titres que donnent au malade son caractère et sa conduite passée, doit encore contribuer à déterminer jusqu'à quel point il faut pousser ces attentions. Si, entouré de nombreuses sociétés de secours mutuels, un malade s'est refusé sa vie durant à prendre aucune précaution contre le risque de la maladie, il ne saurait convenir qu'il soit l'objet des mêmes soins que s'il avait été prévoyant. Le sentiment de la justice oppose son veto à l'appel de la sympathie qui inspirerait une égale sollicitude pour le prévoyant et pour l'imprévoyant. Il faut encore ici tenir compte du caractère. Si l'on fait dans l'intérêt d'un malade qui n'est bon à rien, les mêmes sacrifices que pour un autre qui peut rendre des services, on abolit par là même une des distinctions que chacun devrait s'efforcer de maintenir entre les résultats de la bonne conduite et ceux de la mauvaise. A cette question s'ajoute en outre celle de la valeur morale, qui lui est connexe. Il est juste de faire beaucoup plus pour un homme dont les capacités et l'énergie promettent d'être utiles à l'intérêt public que pour un homme inutile ou à charge à ses concitoyens.

Il ne faut pas seulement s'attacher aux bénéficiaires de ces actes, à leur personnalité et aux conditions de leur existence, mais considérer les bienfaiteurs, leur vigueur et les circonstances dans lesquelles ils se trouvent. Une bienfaisance rationnelle n'impose pas aux personnes d'une faible vitalité et lentes à se rétablir d'une maladie, des obligations aussi pesantes qu'à celles qui, douées d'une grande vigueur, peuvent supporter des dérangements de santé sans qu'il en résulte pour elles de mal permanent. La différence dans les devoirs qui procède de cette cause, s'accusera encore mieux si l'on se rappelle que les personnes à circulation lente sont plus sujettes à contracter des maladies contagieuses que les personnes à circulation active ; il en est surtout ainsi lorsque les premières éprouvent, ce qui est fréquent, des appréhensions auxquelles les secondes échappent. A la limite qu'en vertu de ces raisons un égoïsme raisonnable impose à l'altruisme, s'en ajoute une autre d'origine altruiste, je veux dire la considération de l'intérêt des personnes exposées à contracter une affection de nature infectieuse ou une maladie causée par l'épuisement. Ces maux sont de nature diverse. Une femme qui soigne un étranger malade et rapporte la fièvre au sein de son groupe familial, risque non seulement sa santé et sa vie, mais celle des siens. Bien plus, elle leur inflige la fatigue de la soigner, les angoisses et la douleur morale qu'exciteront ses souffrances et peut-être sa mort. Parvient-on à conjurer une issue fatale, il n'en résulte pas moins pour quelque temps et quelquefois pour toujours l'incapacité d'accomplir ses devoirs ordinaires. Il est donc évident que si la bienfaisance invite à secourir, lorsqu'on peut le faire sans danger grave, les malades auxquels l'absence de toute parenté ne donne pas droit à notre assistance, elle n'oblige pas à ces soins les personnes que retiennent des liens et d'importants devoirs de famille.

Néanmoins, n'oublions pas que parmi ceux-là même que les raisons exposées ci-dessus, si elles sont valables, devraient faire hésiter à assister les malades, plusieurs peuvent donner et souvent même donnent impunément leurs soins. Il est vraiment remarquable que les médecins (bien qu'ils prennent certaines précautions) visitent quotidiennement des malades affligés de fièvres ou d'affections de ce genre et n'en contractent que rarement le germe. Il faut supposer que l'habitude et peut-être une certaine indifférence acquise concourent à leur assurer l'immunité ; et cependant, même en fût-il ainsi, il est malaisé d'apercevoir la raison qui les rend indemnes pendant les premières années de leur carrière. Les infirmières des hospices semblent jouir de la même immunité. Ainsi donc les personnes qu'un sentiment de sympathie pousse à faire profession de soigner des malades, ne courent pas des dangers aussi grands qu'il semblerait tout d'abord ; pour les soins à donner aux affections non contagieuses, leur genre de vie peut comporter une santé satisfaisante.

La joie de la pitié, cette étrange émotion si difficile à analyser, est un stimulant aux sacrifices qu'implique l'assistance des malades ; quand coexiste à un degré élevé cet instinct naturel qui est par essence l'amour des abandonnés, les soins prodigués aux malades délaissés deviennent la source d'un plaisir latent qui compense largement la peine et parvient à rendre cette occupation attrayante. Sans être en droit de prescrire la bienfaisance, source de semblables résultats, il est permis d'attacher ses regards sur elle et de l'admirer.

§ 443. — Si une appréciation équitable de toutes les circonstances, assigne certaines limites à l'assistance à fournir aux malades qui nous sont étrangers, elle ne met aucune restriction aux soins à donner à ceux qu'éprouvent des souffrances d'une autre catégorie, c'est-à-dire aux victimes d'accidents. Chacun est témoin de malheurs causés par des chutes, des chevaux emportés ou le choc de deux voitures : tous ont en pareil cas le devoir de prodiguer leur assistance. Ceux-là seuls chez qui prévaut encore la brutalité du barbare, peuvent ne pas ressentir du mépris pour le Pharisien de la parabole et ne pas approuver le bon Samaritain.

Mais si le devoir d'assister les blessés est généralement admis comme imposé par la bienfaisance la plus banale, il existe un devoir auxiliaire qui n'est reconnu que depuis peu et non par tous : c'est celui d'acquérir les connaissances et l'habileté nécessaires pour rendre des soins efficaces. Jusqu'à nos jours et encore aujourd'hui, quatre-vingt-dix-neuf personnes sur cent n'allient pas les connaissances acquises au désir de venir en aide aux blessés et aux mutilés ; bien pis, il règne une ignorance qui entraîne les initiatives les plus funestes. Le désir de se rendre utile aboutit à faire le mal ; en effet, on ne se rend généralement pas compte qu'il y a mille manières de se tromper pour une seule qui est la bonne.

Une bienfaisance prévoyante conseille donc d'acquérir des connaissances chirurgicales ou médicales qui puissent être utiles aux blessés avant l'arrivée de l'homme de l'art. Il faut donc approuver sans réserve les sociétés d'ambulances et les institutions similaires qui cherchent à vulgariser les indications nécessaires et à faire acquérir l'éducation et l'habileté requises. Malheureusement lorsqu'il faut mettre en pratique ce savoir et cette capacité, on n'en retire pas toujours les avantages que l'on pouvait espérer : la nervosité, l'indécision et peut-être l'embarras du choix entre les diverses méthodes qui ont été enseignées, induisent en erreur. N'en concluons pas qu'il convienne de renoncer à cette préparation à l'art de secourir les blessés, mais plutôt qu'il est nécessaire de la pousser plus loin et d'en faire une branche de l'éducation générale.

# CHAPITRE V

## LES SECOURS CONTRE LES SÉVICES ET LE DANGER

§ 444. — Tout homme susceptible de concevoir des idées et d'éprouver des sentiments moraux se sent incité par des considérations de diverse nature à prendre la défense de toute personne que l'on attaque, surtout si celle-ci est plus faible que son agresseur. Il entre dans cette propension une sympathie immédiate pour les souffrances physiques ou morales infligées à la victime, un sentiment d'indignation contre celui qui les inflige, le sens de la justice blessé par cette violation des droits de l'individu, et même (pour les esprits prompts à discerner les résultats lointains) le ressentiment de voir violer les principes de l'ordre social. Tout homme civilisé dans l'acception profonde et non pas superficielle de ce mot, se sentira enclin à porter secours à la personne qui subit une violence physique ou morale et sera prêt à s'exposer pour la secourir.

Le courage dont font preuve les mercenaires

recrutés pour subjuguer de petits peuples à demi civilisés ou des tribus sauvages sans défense, ne mérite pas plus d'admiration que le courage de la bête qui se rue sur une proie relativement faible et la terrasse. La bravoure de l'homme qui combat pour sa défense personnelle ou celle du soldat qui défend son pays envahi, sont des manifestations dignes de respect; au premier cas d'un égoïsme direct et au second de cet égoïsme indirect qui procède de l'intérêt personnel de chaque citoyen à empêcher l'asservissement de sa patrie. Mais le courage qui pousse à secourir un homme maltraité en livrant combat à un ennemi de force supérieure, et à s'exposer à un mal personnel en résistant à l'oppression du faible, dénote l'existence d'un sentiment d'ordre supérieur qui n'a pas, comme dans bien des cas, pour point de départ des émotions basses, mais des émotions de l'ordre le plus élevé.

On pourrait croire que, même au sein d'une société païenne, l'oppression du faible par le fort serait universellement flétrie. A plus forte raison pourrait-on penser que dans une société qui fait profession d'être chrétienne, le fier-à-bras qui se sert de sa force physique supérieure pour tyranniser une victime moins robuste, exciterait l'indignation générale. Et surtout on eût été en droit de tenir pour assuré que dans des maisons d'éducation dirigées et surveillées par les ministres attitrés de la religion chrétienne toujours prête à prescrire la bienfaisance, les mauvais traitements infligés par les aînés et les plus vigoureux aux enfants plus jeunes et plus faibles seraient rigoureusement défendus et sévèrement punis. Néanmoins dans nos écoles publiques et ecclésiastiques, non seulement la bienfaisance que nous avons dépeinte comme un sentiment de l'ordre le plus élevé, n'existe pas, mais au contraire la méchanceté est passée à l'état d'institution reconnue. Les bravades et les brimades, qui furent jadis poussées à l'extrême de la cruauté, survivent encore et il n'y a pas longtemps qu'une mort s'en étant suivie, on a vu un de nos évêques chercher des paroles d'excuse et de pardon. On continue à pratiquer et à encourager une discipline morale bien appropriée du reste à des gens qui, en qualité de législateurs ou d'officiers, préparent et conduisent à travers le monde les expéditions destinées à dépouiller les païens à l'effet d'engraisser les chrétiens.

Mais si la morale des écoles publiques et conséquemment la morale de ce qu'on appelle le patriotisme, ne comprend pas en pratique (quoi que l'on puisse dire en théorie) la forme de la bienfaisance qui pousse à risquer un mal personnel pour défendre le faible contre le fort, la morale de l'évolution, telle que nous l'avons exposée, enjoint ce genre de bienfaisance. En effet, l'élan énergique de sympathie qui, avec la bienfaisance, inspire l'abnégation, peut seul réaliser le type social le plus élevé et la forme supérieure du caractère individuel.

§ 445. — Avant d'examiner les appels adressés à l'esprit de sacrifice personnel au cas où le péril à combattre provient, non de l'action d'un homme malfaisant, mais des forces de la nature, disons quelques mots du courage qu'exigent les dangers de ces deux catégories. Le courage, pour entrer en lutte avec la nature, est aussi, et souvent même plus nécessaire, car les forces de la nature ne connaissent pas la pitié.

On parle d'ordinaire de la vertu du courage comme si elle méritait invariablement, quelles que fussent les circonstances, les mêmes éloges, et comme si le manque de courage méritait invariablement un égal mépris. Ces jugements tout d'une pièce sont insoutenables. Le développement du courage dépend non pas, il est vrai, complètement, mais dans une large mesure, de l'expérience personnelle que l'homme a pu faire de son aptitude à tenir tête au danger. Il est naturel que celui qui échoue constamment et souffre de ses échecs, éprouve une répugnance croissante à entrer en conflit avec des forces organiques ou inorganiques; au contraire, la réussite dans tout ce que l'on entreprend engendre une disposition quelquefois exagérée à courir des risques; chaque succès nouveau amène une extrême satisfaction et l'attente de cette satisfaction devient une véritable tentation. La timidité et le courage trouvent donc en grande partie leur justification en eux-mêmes : le premier de ces sentiments résulte d'une nature plus ou moins défectueuse au point de vue physique, moral ou intellectuel ; le second d'une nature supérieurement douée sous le rapport de la force corporelle, de la puissance d'émotion, de la capacité ou de l'activité intellectuelle. Pour écarter toute erreur à ce sujet, prenons un exemple à propos duquel il n'existe pas de préjugés enracinés : celui des explorations alpines.

Voici un homme dont la constitution est si peu robuste qu'il est exténué lorsqu'il a gravi deux ou trois mille pieds ; ses mains sont incapables d'une étreinte énergique et prolongée ; sa vue est trop faible pour lui permettre d'assurer ses pas ; ses regards ne peuvent plonger dans un précipice sans qu'il soit atteint de vertige, ou bien il est dépourvu de présence d'esprit et toute circonstance critique le frappe de paralysie. Tout le monde conviendra que l'une ou l'autre de ces faiblesses physiques ou mentales est un juste motif de s'interdire toute tentative de faire l'ascension d'un pic, et que l'entreprendre serait une preuve, non de bravoure, mais de folie. Par contre, un homme possédant des membres vigoureux et de bons poumons, doué en outre de sens perçants, d'un jugement net et ferme, dont les facultés physiques et mentales s'élèvent naturellement au niveau du danger à vaincre, cet homme, dis-je, a le droit de risquer une aventure hasardeuse : comme celle par exemple de descendre dans une crevasse pour sauver une personne qui y serait tombée. Sa vaillance est l'accompagnement naturel de son adresse.

De tels contrastes dans les aptitudes doivent ordinairement entraîner les mêmes contrastes dans l'action. Le jugement porté sur la conduite doit en tenir compte et dans une large mesure se transformer en pitié pour l'impuissance diverse que cause la peur, comme en respect pour la supériorité qu'implique le courage. Je dis « dans une large mesure » parce qu'il existe une timidité qui dépasse celle que l'insuffisance des moyens justifie, comme il existe un courage qui va au delà des dons naturels : le premier de ces deux états d'esprit mérite la réprobation, tandis qu'il faut admirer le second, s'il n'est pas poussé jusqu'à une imprudence déraisonnable.

En général, la sanction due au courage doit donc faire entrer en ligne de compte le rapport entre l'acte à accomplir et la capacité probable d'en venir à bout. Le jugement à porter doit donc évidemment varier selon l'âge de celui qui en est l'objet; il ne peut être le même pour l'enfant et le vieillard que pour un homme dans toute la force de la vie; il doit varier avec l'état de la santé qui souvent entraîne une impuissance partielle, et aussi avec ce qu'on appelle « l'équation personnelle » de l'individu, puisqu'en présence d'un danger, la lenteur de la perception ou de l'action peut devenir fatale. Rien que le fait qu'une maladie de cœur rend timide — la timidité dans ce cas est en harmonie avec l'impuissance qui résulte de troubles dans la circulation — suffit à montrer que, pour soi-même comme pour les autres, il convient toujours d'interroger ses aptitudes personnelles avant de courir un risque que l'on croit devoir affronter.

Même faisant abstraction de ces considérations particulières, il existe en nous le sentiment conscient qu'il doit exister quelque proportion entre la gravité du danger et l'aptitude à le maîtriser. Aussi regarde-t-on ordinairement comme téméraire toute conduite qui dédaigne cette proportion. Le dicton que la prudence est ce qu'il y a de meilleur dans le courage, s'il n'a trait dans son sens littéral qu'aux dangers du champ de bataille, s'applique en réalité aux risques de toute sorte et implique la conséquence qu'il faut blâmer et non encourager celui qui s'expose à un péril trop grand. De même l'épithète de « cerveau brûlé » adressée à un homme qui brave sans utilité la mort ou un danger considérable, est une marque de réprobation et sous-entend l'idée que souvent ce qui passe pour du courage n'est en grande partie que de l'ineptie et de l'incapacité de prévoir ce qui doit vraisemblablement arriver. En général, on sent qu'une sorte de devoir oblige à ne pas risquer sa vie avec trop de témérité et sans un motif valable.

Nous allons voir que la prescription de la bienfaisance positive qui nous enjoint de secourir les personnes mises en danger par les forces impitoyables de la nature, ne doit pas seulement être tempérée par ces raisons, mais encore par la prévision des effets accessoires et probables, pour le cas où l'effort tenté pour porter secours aurait une issue fatale.

§ 446. — Passons des généralités aux exemples particuliers. Demandons-nous dans quelles limites la bienfaisance impose le devoir de sauver une personne qui se noie. Dans quels cas ce devoir est-il positif et dans quels cas est-il douteux ou n'existe-t-il pas?

Il est évident qu'il faut condamner comme un être sans cœur, sinon pis, l'homme qui, bon nageur, remplit toutes les conditions voulues pour sauver la vie d'une personne en danger de se noyer à une faible distance, s'il ne fait aucun effort dans ce but. Cet homme, sans grand risque pour lui-même, peut empêcher la mort d'autrui et ne le fait pas ; il doit être tenu pour coupable de quelque chose comme un meurtre passif. La seule excuse qu'il pourrait alléguer, c'est qu'une personne sur le point de se noyer a une tendance à se cramponner à son sauveur, à paralyser ses mouvements et à causer leur mort à tous deux ; encore ne peut-il pas ignorer que cette éventualité se conjure facilement en la saisissant par derrière.

Mais que dire d'un homme qui sous le rapport de la vigueur, de l'habileté ou même à ce double point de vue, ne présente pas toutes les conditions requises ? que dire si sa débilité s'oppose à un effort de longue durée ? Ou bien supposons que, présent à cette scène, il ait une vigueur générale suffisante, mais n'a pas acquis l'habileté qui permette de nager plus de cinquante mètres, alors que la personne qu'il faut sauver se débat beaucoup plus loin ? Ou bien encore l'accident se passe en mer et la violence des brisants est telle que jeté au milieu d'eux, il n'a presque aucune chance d'en sortir, même seul, à plus forte raison en opérant un sauvetage. Il semble manifeste que si une bienfaisance imprévoyante peut pousser à courir un pareil risque, une bienfaisance judicieuse défendra de s'y exposer. Un égoïsme rationnel doit, en de tels cas, imposer des limites à l'altruïsme irrationnel : il est en effet absurde de perdre deux vies dans un effort désespéré pour en sauver une seule.

Il importe d'ordinaire de tenir compte d'autres restrictions encore. Un homme qui n'a ni femme, ni parents et dont la mort ne causera pas de profondes douleurs morales, un homme sur qui ne pèse pas la responsabilité du bien-être d'enfants et peut-être de vieux parents, sera fondé à céder à l'appel d'une sympathie immédiate et à tenter ce que ne devrait pas risquer un homme dont la vie est le soutien d'autres vies. En pareil cas, la bienfaisance tantôt pousse et tantôt retient. En dehors de tout instinct de conservation personnelle, le sens du devoir envers ceux qui dépendent de nous, peut détourner de la tentative de porter secours que suggérerait le sentiment de la solidarité humaine.

Rien de précis ne peut donc être dit. Sauf dans les

premiers exemples rapportés où le devoir est clair, les circonstances doivent décider s'il y a obligation. Il faut tenir compte, non seulement des tempéraments déjà mentionnés, mais aussi de la valeur de la personne en danger : on ne s'exposera pas aux mêmes risques pour sauver un criminel que pour sauver un homme d'un caractère élevé, qui est appelé à rendre d'importants services à ceux qui l'entourent.

§ 447. — Si difficiles que soient les questions qui se posent quelquefois en présence d'une noyade imminente, elles sont encore moins malaisées à résoudre que celles qui s'élèvent en présence d'un incendie. Au premier cas, l'aptitude du sauveteur telle qu'elle résulte de sa force, de son adresse et de sa promptitude, compte pour beaucoup. Il peut calculer quelle sera l'action de l'élément tantôt tranquille et tantôt agité avec lequel il aura à lutter, mais, dans le second cas, il s'agit de combattre une puissance dont les effets destructeurs autrement terribles sont bien plus difficiles à prévoir et contre lesquels la vigueur est impuissante.

Nous lisons parfois que des hommes ont sauvé dans un incendie des personnes de leur famille ou des étrangers au péril de leur vie ; d'autres fois, nous apprenons qu'une tentative analogue a eu une issue fatale. Devons-nous donc dans de semblables circonstances dire : « Va et fais de même ? » La bienfaisance exige-t-elle que l'on pousse l'abnégation jusqu'à la limite extrême de tenter une entreprise qui, selon toute vraisemblance, doit finir par amener le sacrifice d'une deuxième vie sans sauver la première? On ne peut faire à ces questions de réponse générale. Les circonstances et les émotions particulières excitées, l'amour paternel, filial, fraternel ou tout autre à sa place, doivent dicter la décision à prendre. Souvent la question n'est pas susceptible de réponse même pour un homme d'une abnégation absolue : comme lorsque, après avoir arraché un enfant d'une chambre en flammes, un père se demande s'il doit s'élancer pour sauver un autre enfant abandonné dans une chambre à l'étage supérieur, alors que l'escalier en feu menace de tout engloutir. Il est évident qu'au milieu d'un tel chaos de circonstances et de sentiments, de devoirs et de dangers, il est impossible d'invoquer aucune règle. Et ce qui est vrai dans ce cas extrême est vrai dans une grande partie des autres. La morale reste muette en présence de ce conflit d'obligations.

Lorsque la vie du sauveteur n'est pas seule en cause, et que sa mort doit entraîner la misère pour d'autres existences et laisser de graves devoirs en souffrance, le verdict de la morale doit moins lui prescrire que lui défendre de s'exposer.

§ 448. — Sans nul doute, il est bon pour l'humanité en général de maintenir la tradition de l'héroïsme. L'homme dont l'inspiration altruiste est assez forte pour lui faire trouver la mort dans un effort presque désespéré pour sauver la vie d'autrui, donne un exemple de noblesse d'âme qui dans une certaine mesure rachète les cruautés, les brutalités, les vilenies sans nombre qui prédominent parmi les hommes ; il contribue à entretenir l'espérance d'une meilleure humanité dans l'avenir. Le service que rend un tel homme, en forçant l'égoïsme à rougir, compense la perte d'un être qui eût pu léguer sa nature altruiste à ses descendants.

D'ailleurs pour toutes les questions du genre de celles qui ont été traitées dans ce chapitre, nous pouvons utilement revenir à l'antique doctrine du moyen terme. Quand on joue aux dés avec la Mort, on peut avoir raison de se demander si les dés ne sont pas pipés. Même la maxime « Aime ton prochain comme toi-même », n'implique pas qu'il faille estimer sa vie à plus bas prix que celle d'autrui. On peut donc conclure, semble-t-il, que la bienfaisance positive enjoint de secourir tout homme en danger, s'il existe une forte probabilité de le sauver, mais que ses prescriptions n'obligent à rien de plus.

# CHAPITRE VI

## LES SECOURS PÉCUNIAIRES AUX PARENTS ET AMIS

§ 449. — Les sentiments et les obligations ont subi simultanément une curieuse transformation au cours de la période transitoire entre l'ancien type d'organisation sociale, ayant la famille pour unité composante, et le type moderne où l'individu est devenu cette unité. L'état de choses qui existe encore chez les naturels de l'Australie où tous les parents d'un meurtrier partagent sa culpabilité et sont individuellement exposés à la vengeance des parents du mort, ainsi que l'état de choses qui dans l'Europe primitive faisait considérer la famille ou le clan comme responsable de tout forfait commis par l'un de ses membres, nous paraissent étranges à nous qui avons cessé de supporter le poids des actes criminels ou autres, non seulement de parents éloignés, mais encore de nos proches.

Envisagé sous un certain point de vue, l'ancien système semble moralement supérieur et plus altruiste. Mais à un autre point de vue, il en est tout différemment, car il comportait une insensibilité complète et très souvent même l'aversion pour ceux qui n'appartiennent pas au groupe de la famille. Le système moderne, s'il n'admet pas que la communauté du sang confère des titres aussi rigoureux, sanctionne plus énergiquement que l'ancien les droits qui procèdent de la commune qualité de citoyens d'une même patrie et de membres de la société humaine. Rappelons-nous que la morale a pour premier principe que chaque individu doit subir les effets de son propre caractère et de la conduite qui en a été la conséquence ; rappelons-nous que, sous le règne de l'ancien régime social, de nombreux effets de la conduite de l'homme réagissaient aussi immédiatement sur ses parents que sur lui-même, tandis que le régime moderne ne fait peser ces effets que sur lui seul, et nous serons amenés à conclure que le système moderne est supérieur à l'ancien. Nous serons encore plus portés à formuler cette conclusion, si nous nous souvenons que le système social actuel s'associe à un régime politique plus équitable et aux améliorations sociales qui en découlent.

Cette conclusion une fois admise nous servira à élucider le devoir de venir en aide à nos parents. C'est du postulat que la conservation de l'espèce est le but à poursuivre — postulat dont procèdent, ainsi que nous l'avons vu, les principes moraux — que se déduisent comme conséquence directe les droits des enfants en bas âge sur leurs parents. De leur côté, les droits réciproques des parents sur les enfants se déduisent directement de la dette que les enfants ont contractée envers la sollicitude paternelle. Mais les titres résultant d'autres liens de parenté ne reposent sur aucune autorité fondamentale. La communauté du sang, qui résulte d'une parenté commune, mais moins intime, n'a par elle-même aucune signification morale. La seule signification morale du mot fraternité est celle qui prend sa source dans la communauté de vie au temps de la jeunesse et dans l'affection réciproque qui, on doit le présumer, en est résultée. Frères et sœurs ont d'ordinaire plus d'affection les uns pour les autres que pour les étrangers au cercle de la famille : comme conséquence de ce fait, l'affection plus étroite ainsi créée leur prescrit plus énergiquement de se prêter mutuellement assistance. Si, comme on l'exprime avec justesse, nos proches sont des amis donnés par la nature, nous dirons que les enfants nés du même père et de la même mère figurent au premier rang de cette catégorie d'amis. Toutefois il ne faut pas voir dans ces obligations réciproques la conséquence de leur commune origine, mais celle des liens de sympathie qui les unissent. Ces liens, dont la force varie avec les différences de conduite de ceux entre qui ils existent, donnent par là même naissance à des obligations inégales.

J'énonce cette proposition, qui rencontrera sans doute beaucoup de contradicteurs, avant même de rechercher jusqu'à quel point la bienfaisance positive oblige les frères et les sœurs à se donner l'un à l'autre une assistance pécuniaire. Et je l'énonce avec d'autant plus d'énergie que la manifestation de prétentions dont le seul fondement est une parenté commune, et les concessions qu'on peut leur faire, sont de nature à entraîner des inconvénients extrêmes et de vives souffrances. Au cours de ces trois dernières années, j'ai eu personnellement connaissance de deux cas où, pour avoir prêté de l'argent à leurs frères, des sœurs ont subi, l'une des pertes considérables et l'autre la ruine. Ignorant les affaires, incapables de contrôler des arguments d'apparence plausible, mues par l'affection et la confiance ordinaires chez des sœurs, cédant à la pression exercée, elles étaient en outre guidées par la conviction qu'il y avait là pour elles une obligation morale découlant de la parenté. Une bienfaisance rationnelle ne ratifie pas de semblables concessions. Un frère qui, poursuivant un avantage personnel, veut ainsi grever la fortune de ses sœurs et les expose à subir un grave préjudice s'il échoue dans ses entreprises, témoigne par là même qu'il est dénué du véritable sentiment fraternel. C'est pour lui une excuse tout à fait insuffisante que de se croire assuré du succès. C'est là l'excuse ordinaire des hommes qui pour surmonter des difficultés s'approprient les fonds qu'on leur a confiés en dépôt ou émettent de fausses traites qu'ils comptent rembourser avant leur échéance. Si dans ces divers cas on doit regarder comme criminel de risquer ainsi la fortune d'autrui sur la foi d'un succès espéré, nous ne pouvons absoudre d'une sorte de crime le frère qui, se reposant sur une espérance de ce genre, obtient un prêt de sœurs trop confiantes. Un homme qui agit de la sorte, ne mérite plus d'être considéré comme un frère.

Mais que faire lorsque le prêt est sollicité non pas d'une sœur, mais d'un frère qui par exemple jouit d'une grande fortune et peut juger en connaissance de cause? Il est évident qu'on ne peut faire à cette question une réponse absolue. Dans ce cas, le créancier éventuel peut être capable d'apprécier les résultats probables de l'entreprise et l'aptitude commerciale de son frère; il se peut aussi qu'il ait à bon droit dans sa propre aptitude à s'enrichir, une confiance qui lui permette de risquer sans déraison une perte considérable. Particulièrement si son frère est dans une circonstance critique, la sympathie s'unira à l'affection fraternelle pour l'engager à consentir à la demande. Même ici cependant l'hésitation est permise des deux côtés. S'il existe dans l'affaire un élément de spéculation, celui qui a besoin d'argent, s'il est consciencieux, n'aimera guère à en recevoir et encore moins à en demander. Il sentira qu'il est dangereux de partager le risque d'une opération aléatoire avec n'importe qui, à plus forte raison avec un frère.

§ 450. — Les mêmes motifs d'acquiescement et

les mêmes restrictions peuvent intervenir dans les rapports entre gens qui ne sont que parents éloignés ou qui même ne le sont aucunement. Si des sentiments d'affection et de camaraderie sont, plutôt qu'une parenté ou des ancêtres communs, susceptibles de nous déterminer à fournir l'assistance pécuniaire réclamée, un ami auquel nous unit une profonde sympathie fondée sur de longues et affectueuses relations a plus de droits à notre assistance qu'un parent à peine connu, dont la conduite a tour à tour excité notre blâme et notre aversion. La considération du mérite personnel ou de la valeur civique peuvent aussi fort justement pousser notre bienveillance à prêter notre appui, toutes les fois qu'une difficulté, surtout si elle est imprévue, menace d'avoir des conséquences funestes. S'il est question de fournir les moyens nécessaires, non pour écarter un désastre probable, mais pour tenter une entreprise nouvelle, une plus longue réflexion s'impose. Le mérite et la probité de l'emprunteur, fussent-ils établis, il reste à prendre en considération son degré d'énergie, son savoir professionnel, la capacité dont il a fait preuve ; il faut de plus se demander quelles seraient les conséquences d'une défaite. Car un tel acte doit en effet être envisagé au point de vue égoïste aussi bien qu'au point de vue altruiste, et il se pourrait que le sacrifice à faire fût supérieur à celui qu'on pourrait légitimement réclamer. Dans des cas de ce genre, il est difficile d'émettre un jugement bien assis.

Il en est à peu près de même lorsqu'il s'agit de se grever indirectement en se portant garant. Il est encore plus délicat de prendre alors une décision ; en effet, la seule réponse possible est : « Oui ou non, » et cependant la perte que l'on risque, est ordinairement sérieuse. Il surgit en pareil cas un conflit bien caractérisé entre un juste altruisme et un égoïsme raisonnable. D'un côté, il paraît cruel de fermer l'accès d'une position enviée, qui sera peut-être le premier pas dans une carrière brillante. D'autre part, il paraît plus qu'imprudent de s'exposer au risque de la ruine qui peut être la conséquence d'un acquiescement. Il faut, pour répondre à coup sûr de la bonne conduite d'un homme, posséder une science exceptionnelle des caractères. La réalité est souvent en complet désaccord avec l'apparence et peu d'hommes sont suffisamment en garde contre ces erreurs d'appréciation. Des manières agréables et des promesses plausibles attirent d'ordinaire une confiance que n'obtiendrait pas une brusque sincérité ne se mettant pas en frais pour plaire ; on a le tort de se laisser plutôt séduire par la première de ces attitudes que par la seconde.

Il saute aux yeux que la restriction la plus énergique à une bienfaisance trop complaisante est, dans de pareils cas comme dans ceux qui précèdent, celle qu'inspire le souci légitime des droits de ceux qui dépendent de nous. Tel homme d'une générosité supérieure, qui serait prêt à risquer dans l'intérêt d'autrui le bonheur de toute sa vie, n'a pas le droit de risquer la ruine des existences dont il est responsable. Opposant à l'avantage présent d'un seul homme les catastrophes qui peuvent dans l'avenir en menacer plusieurs, une bienfaisance judicieuse trouvera d'ordinaire des motifs suffisants pour résister à la pression, dont elle est l'objet.

De nos jours toutefois il est rarement besoin de faire valoir de telles considérations : depuis que le principe de l'assurance a pris une extension qui permet, moyennant le paiement d'une prime annuelle, de faire cautionner sa bonne conduite, il ne viendra à l'esprit d'aucun homme doué d'un sens droit l'idée de demander l'intervention d'un ami. Quiconque demande à autrui de s'exposer à un tel péril atteste ainsi son indignité.

§ 451. — A ces conseils d'une bonté tempérée par la prudence que suggère à la plupart des hommes l'expérience ordinaire, il faut en ajouter un autre dont la raison est moins apparente. Alors même que, dans certains cas, notre désir d'assurer le bonheur d'un ami ou d'un parent nous engage à lui consentir un prêt important, un sage souci de son intérêt s'unira aux autres raisons et nous décidera à lui refuser notre assistance.

Celui-là même qui est appelé à bénéficier de notre aide peut avoir besoin, en effet, qu'on le sauve des catastrophes dont le menace sa nature trop entreprenante. Il conviendrait dans leur propre intérêt d'opposer un refus à un grand nombre d'emprunteurs. Le désir d'emprunter marche si souvent de pair avec l'incapacité d'acquérir qu'on pourrait presque dire : « Ne prêtons qu'à ceux qui ont prouvé leur aptitude à gagner de l'argent. » Aussi, dans bien des cas, refuser un service de ce genre, c'est détourner le malheur de celui qui le sollicite.

J'avance cette opinion en partie sur la foi d'une remarque faite devant moi par un homme fort consciencieux qui avait dirigé une entreprise — il s'agissait, je crois, d'une manufacture — à l'aide de capitaux empruntés. Il disait qu'il avait failli mourir d'inquiétude. La pensée du risque que courait le bonheur d'autrui et l'effort continu qu'il dut faire pour remplir ses obligations, avaient empoisonné son existence. Une bienfaisance prévoyante refusera donc dans nombre de cas, dans l'intérêt même de l'emprunteur, ce qu'accorderait une bienfaisance moins clairvoyante.

# CHAPITRE VII

LE SOULAGEMENT DE LA PAUVRETÉ

§ 452. — Nous abordons un sujet qui, en grande partie pour certaines personnes et absolument pour un nombre plus grand encore, s'identifie avec la conception de la bienfaisance. Le mot de bienfaisance (ou plutôt de bonté, qui usurpe souvent sa place) fait naître l'idée de la libéralité facile qui donne à pleines mains aux nécessiteux. Donner de l'argent ou quelque chose d'équivalent est une manière si aisée et si répandue de témoigner sa bienveillance, que les esprits irréfléchis et surtout ceux qui profitent de cette facilité, ne voient guère autre chose dans la bonté.

Ce mode de bienfaisance, appartenant, nous l'avons vu, à une catégorie nombreuse, se présente chaque jour à nos regards sous trois formes différentes. Il y a l'assistance légale fournie aux indigents sur le produit de contributions officielles et obligatoires; nous pouvons y joindre les aumônes distribuées par des fondations charitables. Il y a le soulagement de la misère accompli spontanément par des associations libres disposant de cotisations librement versées. Il y a enfin les secours distribués par la charité privée, tantôt à des personnes auxquelles on est attaché par certains rapports, tantôt à celles dont les titres ont été plus ou moins contrôlés, tantôt sous forme d'aumônes faites au hasard à des mendiants. Nous allons examiner ces trois catégories dans l'ordre où elles viennent de se présenter.

§ 453. — Après tout ce qui a déjà été dit dans cet ouvrage, il est inutile de répéter longuement que, faisant abstraction d'événements passés que nous aurons à rappeler bientôt, le soulagement de l'indigence au moyen de deniers publics prélevés sous forme d'impôts, est incompatible avec la limitation des fonctions de l'Etat réclamée avec insistance par la morale. Si, comme nous l'avons dit et redit, la fonction véritable de l'Etat est de préserver l'ensemble des citoyens et chaque citoyen en particulier de toute agression, externe ou interne, de façon à ce que chacun d'eux soit à même d'accomplir sa vie sans rencontrer d'autre obstacle que ceux qu'implique le voisinage d'autres citoyens, — si la seule autre fonction de l'Etat est de surveiller l'exploitation du territoire habité de manière à prévenir le sacrifice des intérêts de son propriétaire collectif, la nation, il s'ensuit que l'Etat sort de ses deux uniques fonctions et met lui-même plus ou moins obstacle à l'accomplissement de la première en taxant une catégorie de citoyens au profit d'une autre catégorie.

Toutefois cette conclusion n'est valable qu' « abstraction faite d'événements passés que nous avons à rappeler ». Les événements passés, auxquels j'ai fait allusion, se présentent à nos yeux lorsque remontant à l'époque féodale et à la période antérieure à la féodalité, nous voyons les serfs, quoique attachés à la glèbe, avoir certains droits reconnus sur une partie des produits du sol ; ces mêmes événements se reproduisent plus tard, lorsque la disparition du servage entraîna la rupture des liens, qui retenaient le serf attaché à la terre, et que la loi sur les pauvres vint rétablir ce rapport et ce lien en créant le domicile de secours. En rattachant jusqu'à un certain point l'indigent à une localité déterminée, la loi reconnaissait au même degré son droit sur les produits du sol de cette même localité.

A ce point de vue, une loi sur l'assistance publique a une base équitable ; les secours qu'elle distribue sont quelque chose de plus qu'une charité pure et simple. L'usurpation absolue de la terre par le seigneur et l'expropriation absolue du laboureur ont été des faits injustes ; le rétablissement de la relation antique sous une forme moins rigide peut être interprété comme un moyen détourné de reconnaître à nouveau des titres justes et valables. Il est probable que nous sommes indirectement redevables de la stabilité relative des institutions anglaises depuis cette époque, à l'absence de la désaffection qui règne partout où les classes, qui ne possèdent rien, sont tout entières à la merci de celles qui possèdent.

Néanmoins il est délicat de traiter de la forme de l'assistance régie par des agents de l'autorité publique, non seulement parce que l'exercice de cette assistance se complique de considérations de justice, mais encore parce qu'elle se complique de l'existence d'injustices qu'elle fait naître et qui en découlent. Au début, l'assistance légale des indigents s'exerçait presque intégralement aux dépens de ceux qui, comme les propriétaires fonciers, étaient équitablement tenus d'y participer ; de nos jours, elle pèse dans une large mesure sur d'autres classes et il n'existe aucun titre à faire valoir vis-à-vis de celles-ci. Des jugements empiriques concernant la bienfaisance obligatoire restent donc seuls possibles.

Aussi, nous rappelant que la bienfaisance proprement dite perd son caractère de bienfaisance en devenant obligatoire, que dès lors le bienfaiteur et le bénéficiaire cessent d'éprouver les sentiments qui devraient normalement s'y associer, nous inclinerons à penser qu'il serait infiniment préférable de reconnaître d'une autre manière les justes droits de chaque membre de la collectivité en sa qualité de co-propriétaire du territoire, et de séparer nettement la bienfaisance de l'exercice de la puissance gouvernementale. Examinons les défauts du système actuel.

§ 454. — Nous avons admis que la collectivité prise dans son ensemble est propriétaire suprême du territoire habité, bien entendu, en tant que territoire à l'état de nature et abstraction faite de la valeur que lui ont communiquée le défrichement et la culture. Nous avons encore admis que de cet état de chose résulte un droit pour chaque membre de la collectivité. Toutefois il nous est impossible d'aller, comme on le fait souvent, jusqu'à reconnaître le « droit de subsistance aux dépens du sol » indépendamment de la quantité de travail à fournir. La terre ne produit que par le travail ; celui qui ne fournit aucun travail, n'a aucun droit au produit. Tout au plus a-t-il un droit à une part des maigres fruits que porterait la terre à l'état inculte, fruits qui seraient loin de subvenir à la subsistance de la population existante.

On affirme que les pauvres, ayant travaillé au profit de la société pendant la vigueur de leur jeunesse, doivent être nourris par elle quand ils sont vieux et infirmes. Cette argumentation serait admissible sous un régime socialiste déterminant artificiellement la rémunération des services ; mais telle qu'elle existe, la société paie au travailleur jeune et vigoureux le montant de rémunération, qui résulte du jeu de la concurrence, et s'acquitte ainsi de sa dette. Nous pouvons encore faire valoir que si le travailleur n'a pas été rétribué suffisamment pendant sa période d'activité, cette insuffisance de rétribution tient en grande partie à ce qu'il a dû, directement ou indirectement, contribuer à l'entretien des paresseux et des incapables. Procurer les choses nécessaires à la vie à ceux qui ne travaillent pas, c'est réduire d'autant la part de ceux qui travaillent. Les gens aisés ne s'aperçoivent pas de cette défalcation de la somme totale des biens produits ; elle ne fait sentir ses effets qu'aux personnes condamnées à des marges étroites. Si ces dernières n'avaient pas eu à subir cette soustraction opérée sur leurs ressources, elles auraient été à même de se prémunir en vue de la période inactive de leur existence.

Les avocats du système en vigueur soutiennent qu'une fécondité excessive produit un surplus de population qui ne trouve pas d'ouvrage, et qu'il faut cependant nourrir. Nous répondrons en premier lieu que tant qu'on pourvoira aux besoins de ce surplus, il ne cessera de s'accroître. En second lieu, cet argument suppose que le travail à exécuter par la collectivité se présente invariablement en quantité fixe et limitée ; sinon il s'offrirait toujours quelque tâche nouvelle, où l'excédent de population trouverait à s'employer utilement et à gagner sa subsistance. Il est absurde de prétendre que les uns doivent s'astreindre à un surcroît de travail afin que les autres puissent vivre dans la fainéantise.

Parfois nous entendons soutenir l'opinion que puisqu'il existera toujours une certaine proportion de nécessiteux, de malades, d'incapables, de malheureux, de vieillards, il est au mieux de les soulager au moyen de fonds administrés par des fonctionnaires spéciaux, étudiant chaque cas en détail et proportionnant les secours aux besoins. Ce raisonnement exprime une confiance dans les lumières de la bureaucratie que l'expérience répétée de génération en génération est impuissante à ébranler. Il tient pour démontré que les fonctionnaires et les employés, qui le plus souvent ne visent qu'à empocher leurs appointements et à se donner le moins de peine possible, seront les juges les plus clairvoyants du caractère, de la conduite et des besoins des postulants et que les administrateurs de l'Assistance publique géreront les deniers publics avec plus de sagesse que des particuliers gérant les fonds qu'ils ont fournis eux-mêmes. Ce raisonnement ne tient en outre nul compte de la masse des témoignages accumulés dans les rapports des enquêtes parlementaires et dans les ouvrages spéciaux sur la matière, qui prouvent que dans le passé ce système a engendré et favorisé la corruption et les abus les plus divers au point qu'il a abouti à une démoralisation universelle.

N'oublions pas les injustices cruelles commises aux dépens des individus et les maux causés à la collectivité par les impôts élevés venant s'appesantir sur les citoyens qui sont à peine en état d'assurer leur subsistance et celle de leur famille et qui n'y parviennent qu'en ne ménageant pas leurs efforts. Bien souvent des hommes honnêtes et laborieux — parfois privés d'ouvrage par suite de la stagnation de l'industrie, parfois affaiblis par la maladie — assujettis aux taxes pour les pauvres, voient saisir leur mobilier pour faire face à l'entretien de gens, qui ne sont bons à rien. Il y a mieux encore : il n'est pas rare que des ouvriers occupés dans des circonscriptions éloignées de leur domicile légal et qui parviendraient à s'y suffire sans les exigences du percepteur des pauvres, sont contraints d'abandonner leur emploi, de revenir au lieu de leur domicile de secours, d'y solliciter l'argent destiné à payer le voyage de retour de leur femme et de leurs enfants et tombent ensuite à charge à l'Assistance publique. Ce système conduit de la sorte à rompre des rapports industriels solides et à substituer l'aumône à des salaires régulièrement acquis.

N'omettons pas de rappeler le double gaspillage de l'administration officielle. Elle gaspille en ce sens qu'elle se relâche inévitablement dans l'œuvre de la distribution des secours et qu'en l'absence de tout intérêt personnel, elle en distribue sans nécessité aucune ; souvent elle les prodigue aux individus les moins méritants. Elle gaspille encore en ce sens qu'une grosse part des sommes levées sert à entretenir les rouages administratifs, à payer les appointements des percepteurs, des inspecteurs, des directeurs des maisons de travail, des médecins municipaux, etc., dans des proportions qui, en Irlande et dans certains cas extrêmes, ont absorbé au delà des deux tiers, et en Angleterre au temps présent plus du tiers du total des contributions spéciales perçues pour soulager l'indigence. Si ces proportions ne sont pas toujours atteintes, elles restent toujours à un niveau moyen très élevé.

Nous souvenant que la charité imposée par la loi ne peut pas, comme nous l'avons vu, se concilier avec la justice, nous constatons une fois de plus qu'à la longue ce qui n'est pas juste cesse forcément d'être bienfaisant [1].

---

[1] En parlant ainsi de la Loi sur les pauvres, je me suis aidé des écrits d'un homme particulièrement versé dans la matière : feu mon oncle, le Révérend Thomas Spencer de Hinton Charterhouse, près de Bath. Ses antécédents et son expérience lui donnaient une autorité, que ne possède pas un homme sur cent mille. Il prouva son dévouement spécial à ses paroissiens en fondant à Hinton une école paroissiale, une Bibliothèque de village, une société pour l'achat de vêtements et en faisant allouer des lots de terre aux ouvriers agricoles ; il bâtit en outre des chaumières modèles et, pendant tout un temps, il fit servir le dimanche un diner de viande à un groupe de journaliers. Il prouva son dévouement aux classes laborieuses en général en consacrant une grande partie de ses loisirs à des conférences et à des écrits en faveur de la tempérance et en s'associant au mouvement en faveur du droit de suffrage universel et de la diffusion des droits politiques ; mieux encore, il fut le seul ecclésiastique qui prit une part active à l'agitation contre les lois-céréales et il prononça les prières d'usage au premier et au dernier des banquets organisés par la Ligue. Ses sentiments philantrophiques sont donc incontestables. Son expérience était aussi étendue que solide. Dès l'origine ami du pauvre et toujours disposé à prendre son parti contre l'inspecteur officiel, il se convainquit peu à peu du mal immense causé par l'ancienne loi sur les pauvres ; lorsque la nouvelle loi fut promulguée, il assura, je crois, l'adhésion des commissaires existants à la formation de l'Union de la circonscription de Bath, introduisit la loi dans sa paroisse et parvint en peu de temps à réduire les taxes municipales spéciales de 700 à 200 livres sterling par an : la paroisse n'en fut que plus satisfaite et plus prospère. Lorsque l'Union de Bath eut été organisée, il fut nommé et resta pendant plusieurs années président de la commission administrative des pauvres ; ces fonctions le familiarisèrent avec une infinité de faits se rapportant à cet ordre d'idées. Comme résultat final, il écrivit quatre brochures intitulées : « Examen de la raison d'être de l'assistance publique » concluant à sa condamnation décisive.

§ 455. — L'administration des secours à distribuer aux indigents par les moyens privés et volontaires des sociétés de bienfaisance, des sociétés pour la répression de la mendicité, etc. — présente moins d'inconvénients que le système légal et obligatoire. Je dis qu'elle présente moins d'inconvénients, mais elle en présente également, et sous certains rapports, elle en présente même davantage. En effet, si les influences délétères de la contrainte sont évitées, celles de la distribution des secours par personnes interposées continuent à subsister. Nous demeurons en présence d'un système machinal, à la vérité moins rigide que celui de l'assistance publique. Le bénéficiaire n'est pas davantage mis en rapport direct avec le bienfaiteur ; il demeure en rapport avec le représentant d'un grand nombre de bienfaiteurs. Ce système, au lieu de développer le caractère moral des parties en cause, l'exclut autant que possible et met en mouvement une foule de mobiles de nature inférieure. Nous allons noter ses défauts.

Sous le régime de l'assistance légale (en particulier sous le régime antérieur à 1834), les indigents honnêtes, mais économes et recommandables, ne recevaient aucun secours, tandis que l'imprévoyance et la mauvaise conduite étaient gratifiées de secours abondants ; il en est de même pour la plupart des sociétés philanthropiques. Les pauvres intéressants préfèrent souffrir et n'importuner personne, les autres rivalisent d'importunité et réussissent à obtenir ce qu'ils demandent. Il a été démontré par exemple que le produit de la souscription ouverte en 1885-86, à Mansion-House, la résidence du lord maire, s'en est allé en grande partie à l'adresse de « fainéants, de gens dépensiers et d'ivrognes ». « Ceux-ci déclaraient hautement qu'aucune raison ne s'opposait à ce qu'ils obtinssent — tout comme leurs voisins — une partie des fonds souscrits. » Dans certains cas, les solliciteurs « *exigèrent* leur part ». Dans une autre circonstance, on offrit du travail ; il fut reconnu que plus d'un cinquième des gens secourus n'était bon à rien, preuve que les *sans travail*, qu'on considère généralement comme dignes de pitié et comme des victimes de notre état social, chôment parce qu'ils ne veulent ou ne peuvent pas travailler et que les associations charitables les mettent à même d'éluder la discipline inflexible, mais salutaire, de la Nature.

S'associant à la négligence envers les pauvres honnêtes, qui se taisent, et à l'attention prêtée aux pauvres, qui ne le sont pas et qui se lamentent, cet encouragement offert à l'hypocrisie éclate surtout quand les indigents découvrent que des protestations de piété leur font accorder les aumônes désirées. Aisément dupés par un jargon dévot, les membres du clergé et les femmes distinguent ceux qui se signalent par le récit de leurs élancements spirituels et par l'abondance des bénédictions avec laquelle ils empochent les aumônes, dont ils sont gratifiés. Cette tendance paie une prime au mensonge, décourage la sincérité et pousse à la démoralisation.

Les rivalités des sectes religieuses ne font qu'accroître le mal : trop de missions rivales quêtent et distribuent de l'argent en vue de répandre leurs symboles et achètent des auditoires au prix de repas à deux sous. Plus de la moitié des recettes d'une de ces missions se distribue en bons, « remboursables à l'issue de l'office du soir » ; ce système néfaste est poussé au point que les membres visiteurs essaient « de forcer les gens les plus respectables et les plus accoutumés à se suffire » à les accepter ; ils les *paupérisent* en même temps qu'ils en font des convertis hypocrites. « Je ne demandais rien à cette bonne dame, disait un jour une femme pauvre, mais propre et bien tenue, à la vue de la prédilection des émissaires de l'Eglise pour les vauriens, mais cela fait mal de voir des ivrognes et des propres à rien, vivant comme des pourceaux, tout recevoir, tandis que de braves gens, qui peinent et travaillent, demeurent les mains vides. » Non seulement on décourage la vertu et on encourage le vice, mais on paie des subsides à la superstition. A moins — ce qui est impossible — que les sectes rivales, qui ont recours à ces moyens, ne soient toutes en possession de la vérité, la propagation de l'erreur vient se joindre à la rémunération de la duplicité.

Autre inconvénient : les personnes d'humeur facile sont exploitées par les gens habiles en quête de places et d'émoluments. Ceux-ci mettent la main sur un besoin prétendûment criant, distribuent force prospectus, envoient leurs agents faire de la propagande, et tout cela pour que A, B et C, qui ont manqué leurs carrières, puissent soutirer de l'argent en jouant le rôle de directeur, de secrétaire et de trésorier dans l'association à lancer. Si par leur insistance ils réussissent à la fonder, ils ont bien soin de la faire fonctionner à leur profit. Mais parfois ils n'entendent même pas aller jusque-là. En effet, les sociétés philanthropiques peuvent, comme les sociétés commerciales, n'exister que sur le papier et n'avoir d'autre but que d'encaisser pendant quelque temps des cotisations. Je sais de source certaine qu'il y a des bandes de chevaliers d'industrie, dont le seul métier est de lancer des sociétés de charité uniquement pour leurs propres fins.

Nous ne sommes pas encore au bout des inconvénients. Il faut encore signaler le défaut de sincérité des souscripteurs : la flagornerie et l'ostentation mondaines les poussent bien plus que des sentiments de bienfaisance. Quand des lanceurs véreux sollicitent la souscription de gens riches, ils ont soin de solliciter l'honneur de faire figurer leurs noms comme vice-présidents en tête de leurs listes. Même dans les institutions de bienfaisance sérieuses, le désir de faire parade de sa générosité et d'occuper des postes honorifiques et influents, stimule fortement la libéralité en matière de souscriptions et de dons. Un autre mobile plus bas vient s'allier à celui-ci. Un parvenu ou même un commerçant dont les affaires prospèrent, se démène-t-il pour fonder ou gérer une des sociétés, qui semblent n'avoir d'autre origine que le désir de faire le bien, c'est qu'il caresse la perspective d'être membre d'un comité présidé par un pair d'Angleterre ou d'y siéger côte à côte avec le fils d'un lord. Lui, sa femme et ses filles se réjouissent à la pensée de voir chaque année son nom accolé à leurs noms dans la liste des administrateurs et ce résultat les préoccupe bien plus vivement que les infortunes à secourir.

Des vices analogues se font sentir dans d'autres associations charitables, tels que les orphelinats, les fondations pour des commerçants âgés ou malheureux. Ici encore, les moins nécessiteux, s'ils ont beaucoup d'amis, sont d'ordinaire les plus favorisés, tandis qu'on néglige les plus nécessiteux qui n'en ont pas. Le choix des malheureux à assister s'effectue par des procédés coûteux et peu délicats ; on se perd en démarches coûteuses et interminables, on trafique des votes et toutes les mouches du coche philanthropique bourdonnent à l'envi. Bien certainement toutes ces dépenses d'activité et d'argent, destinées à mettre la machine en train, suffiraient, si le gaspillage bureaucratique était moindre, à entretenir un bien plus grand nombre de nécessiteux.

Il n'en va pas différemment d'institutions — les hôpitaux et les dispensaires — que la plupart des gens considèrent comme invariablement bienfaisantes. Premier fait significatif : 30 p. 100 de la population de Londres y a recours, et cette proportion élevée prouve que la plupart des malades ne sont pas indigents et pourraient parfaitement payer leur médecin. Les secours médicaux gratuits poussent à la paupérisation par des moyens encore plus accusés. Les malades qui n'entrent pas à l'hôpital, commencent par obtenir des médicaments et finissent par obtenir des aliments : « système qui les conduit à solliciter ouvertement des secours pécuniaires. » Cette influence néfaste ressort du fait qu'en quarante ans, de 1830 à 1869, l'accroissement du nombre des malades secourus a été proportionnellement quintuple de l'accroissement total de la population ; comme le nombre des cas de maladie n'a pas augmenté, notre conclusion est irréfutable. En outre la promesse d'être traités gratis attire les gens peu scrupuleux et « les vrais pauvres se voient peu à peu exclus des cabinets de consultation par des personnes à leur aise ». Des personnages ayant des revenus de plusieurs milliers et même de vingt-cinq mille francs, se déguisent et se présentent : dans un grand hôpital, plus de 20 p. 100 des malades de cette catégorie ont donné « de fausses adresses » afin de dissimuler leur identité. L'invasion des malades est telle que chacun d'eux n'obtient en particulier que fort peu d'attention : en moyenne une minute, qui parfois se réduit à quarante-cinq secondes. Il est clair que les indigents pour qui la consultation gratuite est instituée, n'en peuvent presque pas profiter. Les conseils médicaux sont donnés « au galop » ; « ils trompent le public et sont une cause de déceptions pour les pauvres ». Ces secours médicaux gratuits, tels qu'ils sont organisés, sont surtout distribués « par les membres du personnel non rétribué » ; quelques-uns d'entre eux expédient 318 malades en trois heures et vingt minutes, ce qui doit évidemment épuiser des hommes déjà harassés par leur clientèle particulière et dégoûter ceux qui n'ont que peu de clientèle : ces derniers donnent ainsi, sans en retirer un paiement, dont ils auraient pourtant grand besoin, des conseils qu'ils pourraient se faire payer ailleurs. De sorte que les quinze millions de francs que coûtent chaque année les hôpitaux de Londres — somme qui s'élèverait à vingt-cinq millions si nous tenions compte de la valeur des emplacements et des édifices — ont surtout pour effet de démoraliser les malades, de détourner les soins médicaux de la partie de la population à laquelle ils étaient destinés, d'en faire profiter celle qu'on n'avait nullement en vue et enfin d'obliger bon nombre de médecins et de chirurgiens peu fortunés à travailler pour l'amour de Dieu[1].

L'expérience très complète que nous fournissent

---

[1] M. le docteur John Chapmann a publié, dans son livre *La Charité médicale, ses abus et les moyens d'y remédier*, les témoignages que je viens de résumer. Quelques-unes des sommes et des chiffres cités plus haut devraient être largement majorés, car, depuis 1874, date de la publication de ce livre, le régime hospitalier s'est beaucoup développé.

les sociétés et les institutions reposant sur des dons et des souscriptions volontaires, vient donc attester que le bien qu'elles font, est accompagné de graves inconvénients, qui parfois l'emportent. Cette expérience nous contraint de constater que toute organisation charitable sous forme d'association libre ou obligatoire, gaspille ses ressources et provoque des effets imprévus. La bienfaisance manque son but en raison de son caractère indirect.

§ 456. — Toutes les parties antérieures de cet ouvrage impliquent la conclusion que la bienfaisance qui prend la forme de secours matériels distribués aux nécessiteux, a les effets les plus heureux quand elle est pratiquée individuellement. Si, comme la pitié, « elle bénit celui qui donne et celui qui reçoit », elle n'y parvient complètement que lorsqu'un rapport direct s'établit entre le bienfaiteur et le bénéficiaire. Malgré tout il faut pourtant reconnaître que la bienfaisance individuelle est souvent insuffisante, que d'autres fois elle se jette dans l'exagération et qu'elle est souvent mal dirigée. Notons ses imperfections et ses erreurs.

La plus répandue provient de l'habitude insouciante de jeter quelques sous aux mendiants et d'encourager ainsi la fainéantise et le vice. Cette habitude s'inspire parfois d'une sympathie excessive, qui souffre de la vue d'une misère feinte ou réelle, parfois du désir d'apaiser sa conscience en compensant des actes malhonnêtes par quelque largesse accidentelle. D'autres fois, les donateurs sont mûs par la pensée d'une autre vie et par le désir de s'y assurer d'abondantes récompenses au prix de quelques aumônes distribuées ici-bas. Ou bien encore, tout en se rendant compte du mal probable qu'ils feront, ils n'ont pas la patience de se livrer à une enquête et tranchent la question en sacrifiant une petite pièce blanche ou de moindre valeur. C'est ainsi qu'ils aident à rendre les mauvais plus mauvais encore. Assurément c'est là un inconvénient notable ; en pratique, si ce n'est en théorie, il détruit en grande partie les effets heureux de l'exercice individuel de la bienfaisance.

La même cause donne naissance aux lettres des faux pauvres et leur permet de se renouveler sans cesse. La lecture des articles que les journaux leur consacrent à l'occasion, pourrait servir d'avertissement, mais la race des dupes crédules est immortelle. Elles croient ce que leur racontent des fourbes habiles et acceptent leur dire sans se donner la peine de le vérifier. Plusieurs de ces dupes s'imaginent faire acte de vertu en s'acquittant d'un acte dicté par une bonté apparente ; en réalité, ils se rendent coupables d'une faute en négligeant de réprimer le mal. Car chacun sait que ces errements servent à entretenir des légions de vauriens et de fainéants et détruisent en grande partie les avantages de la bienfaisance individuelle.

On nous oppose une autre objection : s'il n'existait pas, dit-on, d'impôt obligatoire, dont le produit est affecté au soulagement de l'infortune, et si l'on se fiait uniquement aux inspirations de la sympathie, la majorité plus ou moins rebelle à ce sentiment ne donnerait rien et laisserait peser des charges excessives sur les personnes plus sensibles. De deux choses l'une : ou bien il ne serait pas pourvu d'une manière suffisante aux besoins existants ou bien les hommes doués d'un cœur généreux seraient astreints à des sacrifices démesurés. Quelque irrésistible que paraisse cette objection, elle ne l'est pas autant qu'on pourrait se l'imaginer au premier abord. Comme souvent d'ailleurs, ceux qui la soulèvent, se trompent sur les effets d'une cause nouvelle, parce qu'ils se figurent que l'introduction de cette cause nouvelle n'influera pas sur les autres éléments du problème. Ils oublient que la coercition exercée par l'opinion publique prend souvent la place de la contrainte légale. Aucune pénalité ne frappe le mensonge, qui n'est pas précédé d'un serment, et cependant l'opprobre social, qui s'attache au menteur, contribue puissamment à maintenir un niveau élevé de sincérité générale. Aucune punition n'est édictée contre l'inobservance des convenances mondaines et cependant celles-ci sont bien plus fidèlement respectées que les préceptes moraux et les prescriptions légales. La plupart des gens redoutent bien plus la froideur du monde pour quiconque a violé un usage purement conventionnel que les reproches pénibles que la conscience adresse aux auteurs d'un acte intrinsèquement mauvais [1]. Nous pouvons donc raisonnablement admettre que si l'assistance privée volontairement donnée aux pauvres se substituait à l'assistance publique et obligatoire, l'opinion morale du public, qui soutient l'une, parviendrait largement à suppléer l'autre. Ce sentiment deviendrait si énergique qu'une infime minorité de gens dénués de sympathie aurait seule le courage d'affronter le mépris, qui pèserait sur ceux qui refuseraient obstinément d'accepter leur part de la responsabilité commune. Jusqu'aux cœurs indifférents et endurcis seraient dans une certaine mesure entraînés et fourniraient leur quote-part de la subvention générale à l'infortune ; la pratique de la bienfaisance, d'abord toute de commande, arriverait à initier quelques-uns d'entre eux à des sentiments qui à la longue leur feraient éprouver une jouissance sincère à s'acquitter d'un acte de bienfaisance spontanée.

Nouvelle difficulté : « Je suis trop occupé, s'écrie le commerçant qu'on presse de se livrer à la bien-

---

[1] Comme illustration de cette vérité générale et d'une vérité plus spéciale, j'ai cité au § 183 ce qui se passe chez les plus arriérés des Musheras de l'Inde. Le mariage n'est accompagné chez eux d'aucune consécration formelle ; cependant il est rare de voir des cas de « mœurs déréglées ou d'abandon d'homme à femme et réciproquement alors qu'un premier rapprochement a été consommé » ; ces cas entraînent la mise au ban de la tribu. Dans cette population primitive, l'opinion publique impose donc une stabilité dans les rapports conjugaux supérieure à celle qu'obtient la loi en Angleterre. (Pour les Musheras voir la *Calcutta Review* d'avril 1888.)

faisance privée. J'ai ma famille à pourvoir ; mes obligations paternelles et autres absorbent tout mon temps. Il m'est donc tout à fait impossible de poursuivre les enquêtes indispensables et d'empêcher mes charités de s'égarer. Je verserai ma cotisation : à d'autres d'en surveiller l'emploi. » Assurément cette réponse est assez fondée. Toutefois, souvenons-nous que, d'après l'expérience commune, un homme occupé trouve toujours plus facilement que l'homme oisif le temps de s'acquitter d'une mission quelconque, et nous aurons quelque raison d'espérer qu'il trouvera parfois celui d'aller au fond des infortunes, qui réclament son attention. Un avantage mental favorable à la bonne direction de ses affaires pourra même résulter d'un exercice convenable de son activité altruiste.

Dans tous les cas, il faut reconnaître que l'exercice en personne du soulagement de la pauvreté est sa forme de soulagement normale ; exercée avec soin et réflexion, ce qui arriverait si toutes les autres formes étaient écartées, elle suffirait dans une large mesure à subvenir à tous les besoins, d'autant plus que ceux-ci diminueraient fortement par suite de la suppression de la misère artificiellement développée qui nous environne.

§ 457. — De ce plaidoyer général en faveur de la charité pratiquée individuellement, qui est aussi un réquisitoire contre le caractère machinal de la charité publique et **quasi** publique, je passe à un plaidoyer spécial en faveur de la forme naturelle de la charité, forme qui existe et qui ne demande qu'à être développée.

Au milieu du réseau confus des rapports sociaux qui enlacent chaque citoyen, il en existe toujours un plus spécial et plus familier, qui, plus que tous les autres, a des titres importants à faire valoir. Les actes journaliers mettent toute personne pouvant participer à des œuvres d'assistance, en contact immédiat avec un groupe d'autres personnes, qui, par suite de maladie, de chômage, d'un décès ou de toute autre calamité, sont individuellement exposées à tomber dans une condition digne d'être secourue ; il importe donc de mettre en évidence les titres possédés par chacun des membres de ce groupe.

Dans les sociétés primitives soumises au régime du *Statut,* les inférieurs étaient placés dans une situation dépendante, à laquelle s'associait le sentiment que la société était plus ou moins engagée à leur assurer la subsistance. Le groupe familial, simple ou composé, comprenant des parents rangés dans un ordre de subordination et gradué, et possédant à l'ordinaire des esclaves, avait pour règle que les inférieurs étaient obligés d'obéir et de se contenter de ce qu'on leur donnait, mais qu'il fallait en général pourvoir à leur subsistance d'une manière suffisante. Au point de vue de la sujétion et de la satisfaction convenable des besoins, ils occupaient à peu près la situation de nos animaux domestiques. Sous le régime patriarcal primitif et sous le régime plus avancé de la féodalité, le système du *Statut* présenta ce caractère général : la liberté continua à être dans une large mesure refusée aux inférieurs, mais on leur fournissait amplement les moyens de subsister : tantôt on les nourrissait et les logeait en personne, tantôt on leur allouait une part fixe de denrées, qui leur permettait de se nourrir et de se procurer un abri. Il était entendu que leurs maîtres devaient prendre soin de leur existence.

Le régime du contrat s'étant graduellement substitué au régime du *Statut*, ce rapport s'est modifié de telle sorte que les inférieurs ont acquis les avantages de l'indépendance, mais perdu ceux de leur état de dépendance antérieure. Nul n'a plus autorité sur le citoyen pauvre, mais nul n'est chargé de veiller à sa subsistance. Telle somme de monnaie rémunérant tel service, voilà le principe universel de la coopération ; le service payé, tout titre ultérieur est aboli. Les exigences de la justice satisfaites, toutes les autres exigences sont, suppose-t-on, satisfaites également. L'ancien régime de protection et de fidélité est supprimé, mais le nouveau régime de bienfaisance et de reconnaissance ne l'a remplacé qu'en partie.

Ne nous est-il pas permis de conclure à peu près à coup sûr qu'il nous faut, dans l'ordre nouveau, rétablir quelque chose d'analogue à ce qui existait dans l'ordre ancien ? Ne faut-il pas quelque chose d'analogue à la sollicitude ancienne sans remettre pourtant en vigueur les anciens droits des supérieurs sur les inférieurs ? Ne pouvons-nous pas espérer que, sans créer de lien légal entre les individus des classes régulatrices et les groupes qu'ils dirigent, nous arriverons à créer des liens moraux plus puissants que ceux d'aujourd'hui ? Quelques-uns de ces liens moraux sont déjà plus ou moins sanctionnés par l'opinion. Déjà tous les chefs de famille, doués d'une dose moyenne de sympathie, sentent l'obligation de ne pas abandonner leurs serviteurs malades; déjà ils viennent d'une manière plus indirecte au secours des gens qui au dehors travaillent indirectement pour eux; déjà, les petits fournisseurs, les commissionnaires, les petits messagers et d'autres encore bénéficient de leurs bons offices quand ils tombent dans le malheur. Pour arriver au but proposé, il suffira que la disparition graduelle des rouages artificiels de la distribution imprime un caractère d'activité générale aux usages qui jusqu'ici ne se manifestent que çà et là et à des intervalles irréguliers. Il est hors de doute pour nous qu'en l'absence de ces rouages artificiels, les sentiments de sympathie, qui ont mis ceux-ci en mouvement et les entretiennent, animeront et développeront les facteurs de la charité naturelle. Quand chaque citoyen pourra disposer de la somme qui passe actuellement en impôts et en souscriptions, elle lui permettra de donner satisfaction à toutes les requêtes personnelles ; ses débours seront peut-être moins considérables, mais ils suffiront probablement à atteindre le résultat que nous avons en vue.

Cet exercice en personne de la charité rétablirait les liens étroits entre supérieurs et inférieurs, qui se sont relâchés pendant notre évolution de l'esclavage ancien à la liberté moderne ; il ramènerait la bienfaisance à la forme normale des rapports directs entre le bienfaiteur et le bénéficiaire. En outre il se laisserait guider par la connaissance immédiate de ce dernier et le secours s'ajusterait en qualité et en quantité aux besoins et aux mérites. La responsabilité indirecte des fonctionnaires de l'Etat et des sociétés charitables se répartirait directement entre toutes les personnes ayant des ressources disponibles ; chacun discernerait la nécessité d'une enquête et d'une surveillance clairvoyantes : l'assistance accordée au malheur méritant augmenterait, celle donnée aux indignes irait en se restreignant.

§ 458. — Ici nous nous rencontrons face à face avec la plus grande des difficultés inhérentes à toute méthode quelconque d'adoucissement de la misère. Une assistance trop fréquente ne changera-t-elle pas les pauvres méritants en pauvres qui ne le sont pas? Ne sommes-nous pas pour ainsi dire certains qu'elle rendra ces derniers encore plus indignes de pitié? Comment régler notre bienfaisance pécuniaire de manière à ne pas permettre aux êtres incapables ou dégradés de se reproduire ?

J'ai tant de fois insisté sur l'erreur cruelle qu'on commettrait en léguant à la postérité une population croissante de criminels et d'incapables, que je n'ai pas à répéter ici que la vraie bienfaisance se surveillera et évitera de favoriser les inférieurs au détriment des supérieurs ; dans tous les cas, elle se surveillera suffisamment pour réduire au minimum les maux qu'engendre la faveur témoignée à l'infériorité.

Dans l'état actuel, cette difficulté paraît à peu près insurmontable. Les systèmes légaux et privés, obligatoires et facultatifs, qui préservent les mauvais des effets extrêmes de leur nature mauvaise, ont produit des multitudes indisciplinables : il semble pour ainsi dire impossible d'en arrêter la multiplication ultérieure. Tous les rouages imaginés chaque année pour assurer l'existence de ceux qui ne veulent pas se suffire par le travail, ne font qu'accroître le mal et le perpétuer. Toute tentative nouvelle d'atténuer les châtiments de l'imprévoyance, a pour effet inévitable d'accroître le nombre des imprévoyants. Que l'assistance vienne d'un corps officiel ou de sociétés charitables, il est malaisé de découvrir un moyen de la limiter de façon à empêcher les inférieurs de procréer de plus en plus d'inférieurs.

Au point de vue de la morale, le principe de la survivance des mieux adaptés implique que tout individu doit rester exposé aux effets de sa propre nature et de la conduite qu'elle détermine ; si nous laissions le champ libre à son inflexibilité, ce principe aurait bientôt fait d'extirper tous les êtres dégradés. Mais nos sentiments actuels ne supporteraient pas cette opération rigoureuse. Aucun mal très sérieux ne résulterait de notre relâchement si les dégradés ne laissaient pas de progéniture après eux : une bienfaisance à courte vue pourrait être autorisée à les sauver de la souffrance, quitte à donner à une bienfaisance plus clairvoyante l'assurance que leur race ne se reproduira plus. Mais comment fournir cette assurance ? Si l'action publique ou privée subordonnait toute aide aux êtres faibles, malingres, difformes ou stupides à la condition de ne pas se marier, il en résulterait évidemment un fort accroissement de naissances illégitimes ; cette natalité illégitime impliquerait une éducation encore plus défavorable donnée aux enfants et par conséquent des générations d'hommes et de femmes de plus en plus vicieux. Un dixième de la population existe à l'état de population « perdue » ; s'il n'en existait qu'un cinquantième, nous pourrions en venir à bout au moyen de colonies industrielles privées ou d'institutions analogues. Mais la masse d'humanité incapable est telle qu'il y a de quoi désespérer : le problème paraît insoluble.

S'il est possible de le résoudre, la souffrance seule y parviendra. Nos institutions imprudentes ont appelé au monde des foules d'êtres nullement adaptés aux exigences de la vie sociale et qui sont par conséquent des sources de misère pour eux-mêmes et pour autrui. Il nous est impossible de refouler et de réduire graduellement cette légion d'hommes relativement inutiles sans leur infliger de vives souffrances. La faute est commise, le châtiment irrévocable : la souffrance pourra seule amener la guérison. Les moyens artificiels d'adoucir la misère par l'intervention de l'Etat correspondent à une sorte de morphinisation sociale, procurant un calme passager au prix d'un accroissement final de douleurs. Les doses de plus en plus fortes du stupéfiant engendrent l'aggravation inéluctable de la maladie : l'unique procédé rationnel de salut consiste à endurer les crises douloureuses inséparables d'un retour à l'abstinence. Le passage de la bienfaisance officielle à une condition saine d'énergie personnelle et de bienfaisance privée est comme le passage de la vie du morphinomane à celle de l'homme normal : cruel, mais indispensable au rétablissement de la santé.

# CHAPITRE VIII

## LA BIENFAISANCE SOCIALE

§ 459. — Chacun est-il obligé de prendre part au commerce social ? Peut-on sans rompre les obligations auxquelles on est soumis, mener une vie solitaire ou une vie restreinte au cercle de la famille ? Ou bien la Bienfaisance Positive exige-t-elle que nous cultivions l'amitié et les relations sociales au point d'offrir et de recevoir l'hospitalité ? Si cette obligation existe, où s'arrêtent ses exigences ?

Ces questions ne comportent que des réponses assez vagues. Les devoirs péremptoires satisfaits, il paraît évident qu'un certain degré de commerce social est obligatoire ; s'il faisait défaut, le bonheur général subirait un déficit. Puisqu'une communauté de solitaires ou de familles menant une vie de reclus, serait relativement monotone, puisque des réunions ayant pour objet l'échange des idées et l'excitation mutuelle des émotions, contribuent dans une large mesure aux jouissances de tous et de chacun, il semble que chacun ait le devoir de s'y prêter.

Sans doute ce devoir est moins impérieux que bien d'autres ; il ne faut l'accomplir qu'en le subordonnant à l'accomplissement de ces derniers. Il n'existe aucune sanction morale pour les réceptions et les dépenses trop coûteuses quand on a du mal à faire face aux besoins de sa famille, aux exigences de la justice ou aux nécessités résultant de l'infortune méritoire. Dans ce cas, la morale ne prescrit que le genre de commerce social qui ne donne lieu à aucune dépense ; c'est souvent le meilleur de tous.

En outre la bienfaisance n'impose en fait d'obligation de cultiver la société de nos semblables que celle qui est productive d'une somme de jouissance supérieure à celle des sentiments pénibles. Elle ne justifie pas cette manière mécanique de se rassembler et de se séparer qui est en honneur parmi « les gens du monde » et dans les régions plus étendues, où l'on se pique d'adopter les usages du monde. La bienfaisance n'ordonne à personne de fournir un aliment à « l'engrenage mondain ». Elle recommande uniquement les réunions où la jouissance recueillie est en rapport avec les frais et les dérangements encourus.

A ce sujet nous dirons que loin de le favoriser, la Bienfaisance prescrit d'aider à restreindre et à supprimer tout commerce social purement machinal. Chacun constate que la plupart des réunions mondaines ne procurent pas le plaisir qu'on y cherche et que par contre elles impliquent des ennuis et des inconvénients pour les maîtres de la maison et leurs invités ; on y est beaucoup plus préoccupé de questions d'étalage et d'étiquette que des plaisirs de l'amitié. L'échec des efforts tentés pour remplacer les apparences par la réalité, y a souvent été constaté. Au début du siècle quelques personnes désireuses de recevoir leurs amis et les connaissances qui leur plaisaient, se mirent à annoncer qu'elles « recevaient » à de certains soirs ; elles fondaient leur espoir sur l'absence de toute cérémonie. A mesure qu'ils se répandirent, ces jours de réception devinrent une question d'étiquette, à la façon de toutes les autres réunions mondaines : ils ne se distinguent plus des « raouts » d'autrefois. Il en a été de même d'une tentative plus récente de remettre la simplicité en honneur : les « petites réceptions intimes » ont maintenant pour théâtre des salons où l'on s'entasse à partir de dix et onze heures du soir.

La bienfaisance sociale ne prescrit donc pas la participation aux manifestations des rapports sociaux dont l'organisation perd de vue leur véritable objet et qui confond la réalité et les apparences. Elle enjoint au contraire une résistance opiniâtre à un système qui, cherchant le plaisir, procure des ennuis.

§ 460. — Peu de personnes rangeront le commerce social ordinaire et sincère dans la catégorie des manifestations de la bienfaisance. Il en est une autre qu'elles n'hésiteront pas à faire rentrer dans son domaine : je veux parler du commerce entre les personnes occupant des positions sociales élevées et celles qui en occupent d'inférieures.

Ces relations ont plus ou moins existé de tout temps, d'abord sous la forme des réjouissances occasionnelles que les seigneurs féodaux offraient à leurs vassaux et plus tard sous celle des fêtes données par les gentilshommes campagnards à des intervalles réguliers ou à quelque occasion particulière. Après une période d'abandon relatif, cet usage a ressuscité sous la forme nouvelle de *garden parties* offertes dans des châteaux à la population pauvre du pays, d'excursions champêtres offertes gratuitement aux enfants pauvres de la capitale, de modestes banquets scolaires et ainsi de suite. Ce genre de bienfaisance sociale comprend encore les conférences à deux sous et les concerts donnés par des amateurs à un auditoire ne payant aucune entrée ou ne payant qu'une entrée insignifiante. Il faut applaudir à toutes ces formes de la bienfaisance, tant à cause du plaisir immédiat qu'elles produisent que de leur effet favorable aux bonnes relations à établir ou à maintenir entre les différentes classes de la société et au raffermissement de la cohésion sociale qui en résulte. Elles sont presque toujours inspirées par une sympathie sincère et éveillent de la reconnaissance chez les mieux doués des gens qui en profitent : ces deux résultats sont excellents. Les inconvénients ne commencent à percer que lorsque l'usage devient machinal, qu'il est dicté d'un côté par la routine et qu'on y compte de l'autre comme sur une chose obligée. D'autres inconvénients surgissent encore lorsque ces réunions sont organisées dans un but sectaire, en vue de recruter des adhérents. Mais ces inconvénients ne sont pas supérieurs et restent même inférieurs à ceux qui s'attachent aux relations mondaines des classes fortunées ; nous pouvons sans crainte affirmer que la bienfaisance sociale commande de réunir ainsi de diverses manières les pauvres et les riches.

Nous approuvons tout autant et même davantage les efforts faits par quelques personnes pour instruire et distraire leurs concitoyens peu aisés. Les noms des hommes qui, au siècle dernier, ont travaillé à dissiper l'ignorance des artisans et des ouvriers au moyen de cours du dimanche, méritent bien plus d'être gravés dans la mémoire que ceux de tant d'hommes restés célèbres. De même, les myriades de membres de la classe moyenne qui, un peu plus tard, consacrèrent une grande partie de leurs dimanches à l'enseignement et ne s'inquiétèrent pas du blâme de ceux qui se vantaient d'être leurs supérieurs, méritent d'être rappelés avec reconnaissance ; ils en méritent bien autrement que leurs successeurs s'employant à nous contraindre bon gré mal gré à donner et à recevoir des leçons dans les écoles dirigées par les comités scolaires. Sans doute ce système d'écoles dominicales, d'abord répandues parmi les dissidents et adoptées ensuite par l'Eglise anglicane, qui redoutait la désertion de ses membres, a été en partie subordonné à des visées sectaires ; toutefois le but originel était bon, de même que la plus grande partie des résultats obtenus au prix de grands sacrifices personnels. Il nous met sous les yeux un exemple frappant de bienfaisance sociale bien comprise.

De nos jours une autre branche de l'enseignement volontaire a pris un développement utile. Je fais allusion aux conférences données dans les villes et les villages par des conférenciers, qui n'en font pas leur métier. De la sorte les employeurs et les employés se rencontrent sur un autre terrain que celui de leurs intérêts d'affaires. Un de mes amis, qui n'est plus et qui occupait plus d'un millier d'ouvriers, organisait pour eux des récréations et des excursions à la campagne ; en outre, il donnait de temps en temps des séances où il leur expliquait les phénomènes de physique, le tout accompagné d'expériences à l'appui. Que cette propagande gratuite de connaissances scientifiques soit l'œuvre d'un chef d'industrie s'adressant à ses ouvriers ou d'une personne de la localité qui s'est fait une spécialité et qui en fait profiter ses voisins, c'est toujours une œuvre bienfaisante et digne d'éloges. De telles instructions volontairement communiquées sur les questions morales et sociales sont en tout temps particulièrement nécessaires. Notre état social serait peut-être meilleur si des hommes éclairés avaient répandu autour d'eux la lumière sur les problèmes moraux et politiques. Bien des idées insensées ne seraient probablement jamais nées.

Mais toujours la coutume tend à se transformer en loi, les concessions faites à titre bénévole finissent par être exigées à l'égal d'un droit. L'extension prise par le commerce social dans le but de distribuer l'instruction et la récréation tend à lui faire perdre son caractère de bienfaisance, à le faire dégénérer en observances réglées, pratiquées avec peu de bienveillance d'un côté et n'éveillant qu'une minime reconnaissance de l'autre. Il est difficile de découvrir le moyen de prévenir cette dégénérescence qui semble inévitable.

§ 461. — Si tous mes lecteurs ne pratiquent pas les injonctions de la bienfaisance sociale que je viens de spécifier, tous les admettront en théorie. Nous allons étudier d'autres exigences souvent contestées; certaines sont même déclarées contraires aux obligations sociales. Ce sont celles qui poursuivent la modification d'usages et d'habitudes en opposition avec le bien-être général.

Sans aller jusqu'à soutenir que la conformité aux conventions du monde constitue un devoir moral, la majorité s'imagine qu'elle n'en constitue pas moins un devoir et dans la conversation elle blâme toute infraction des règles que la société a tacitement édictées pour la réglementation de l'existence et de la manière de se conduire. Cette majorité est incapable d'invoquer de bonnes raisons, elle convient que plusieurs de ces règles engendrent des ennuis et des dérangements sans utilité réelle, elle ira même jusqu'à en condamner quelques-unes comme absurdes. Toutefois elle tient que ces règles, même celle qui détermine la couleur d'une cravate de soirée, doivent être respectées. Elle considère toute désobéissance comme une faute qu'il faut réprimer, mais elle oublie de se demander si ce respect n'entraîne pas de graves inconvénients et si elle ne ferait pas mieux de chercher à abolir ces règles.

Tout homme qui ne ramasse pas ses opinions toutes faites, mais les élabore lui-même, discernera clairement qu'au nombre de ses devoirs envers les autres hommes, il a celui de chercher à accroître leur bonheur en imprimant à leur manière de vivre un caractère plus rationnel. Il comprendra que la bienfaisance bien entendue ne se contente pas de distribuer des aumônes et des secours, de témoigner de la sympathie et de prononcer des paroles bienveillantes, mais qu'elle nous ordonne d'accomplir bien des choses, qui, pénibles pour autrui au premier moment, finissent plus tard par lui être bienfaisantes ; il sait aussi que loin de lui valoir des sourires, celles-ci ne lui vaudront que des froncements de sourcils. Bien au delà de ce que s'imagine l'immense majorité des gens, l'existence humaine est faussée par l'observance de règles — les unes inutiles, les autres nuisibles — qu'a dictées un pouvoir social invisible. Relevons quelques-uns de ces commandements malfaisants auxquels on devrait désobéir.

§ 462. — Commençons tout naturellement par le vêtement. Inutile de dénoncer les folies de la mode : chacun en convient. Toutefois personne, ou peu s'en faut, ne leur résiste. Non seulement presque tous s'y soumettent, mais ils vont jusqu'à justifier leur soumission. On rit des costumes reproduits dans les livres anciens et l'on admet que si ce n'était l'habitude, les modes contemporaines sembleraient tout aussi absurdes. On avoue qu'on se débarrasse de vêtements encore en bon état, parce qu'ils ont cessé d'être à la mode et on déplore la dépense inutile qui résulte de cette faiblesse. On se plaint également parfois du temps perdu et des tracas qu'entraîne la nécessité de tenir ses vêtements en harmonie avec les prescriptions du jour. Néanmoins on combat et on tourne en ridicule l'assertion que tous sans exception, tant à leur propre avantage qu'à celui d'autrui, feraient bien de résister à une exigence ayant des résultats si fâcheux. La bienfaisance sociale, telle qu'on l'entend d'ordinaire, prêche donc la soumission plutôt que la résistance.

Sans doute cette foule de gens faibles invoquera son manque de courage : elle n'ose pas s'exposer aux remontrances des amis ou aux railleries des étrangers. Cependant je lui ferai observer en premier lieu que la soumission aux conséquences désagréables d'actes recommandables est une des formes que prend la bienfaisance, et en second lieu que le monde en général tolère une situation créée par un refus raisonnable en soi, que ne dicte ni la pauvreté, ni l'ignorance, mais bien un esprit indépendant; non seulement il la tolère, mais elle lui inspire un secret respect.

La bienfaisance ne se contente pas d'enjoindre la résistance aux perpétuels changements dans la coupe absurde de nos habits. Il n'existe pas seulement une obéissance condamnable à l'empire illégitime de la mode, mais une attention condamnable donnée au vêtement en lui-même et en dehors de toute question d'apparence fashionable. Toute protestation serait pourtant superflue, puisque le blâme des dépenses excessives et du temps perdu à embellir l'extérieur de sa personne de façon à se faire admirer, est un des sujets favoris de la conversation. Ce qu'il faut s'attacher à mettre en relief, c'est qu'un assujettissement extrême du temps et de la réflexion à la poursuite de l'admiration quêtée au moyen d'atours personnels, repousse bien souvent l'admiration au lieu de l'attirer. Ce sentiment se prononce ouvertement à la vue d'une femme à la toilette surchargée d'ornements; d'autres femmes, dont la mise est moins tapageuse, excitent le même sentiment, quoiqu'à un degré moindre. Toutes ces toilettes trop apprêtées et invitant le spectateur à admirer celles qui les portent, agissent à la façon d'un réactif et neutralisent le sentiment de l'admiration pour la personne par le sentiment de la réprobation des faiblesses morales qu'elles accusent : nul n'approuve l'appétit des louanges.

Le vêtement devrait être beau sans étalage de dépense, élégant sans préméditation affichée. Il convient d'avoir pour notre personne les soins qu'implique le respect convenable pour notre entourage, mais il ne faut pas que ces soins impliquent une déférence immodérée pour son opinion. Le juste milieu s'obtient grâce à une étincelle de goût esthétique, qui demeure l'apanage d'une simple minorité. Mais d'autres peuvent chercher à s'en rapprocher et la branche de la bienfaisance sociale, qui s'attache à rendre les usages sociaux plus rationnels, encouragera et approuvera leurs efforts.

§ 463. — La recherche excessive des apparences est proche parente de la recherche excessive dans la toilette. Dans les classes supérieures et moyennes, les femmes passent la plus grande partie de leur temps en quête de ce qui plaît aux yeux. Donner un cachet joli à toutes choses devient pour elles l'objet principal de la vie ; jamais elles ne se demandent s'il ne conviendrait pas de mettre des bornes à leur soif de jouissances esthétiques.

Au dernier chapitre de la troisième partie, j'ai montré que la justesse de la bonne conduite dépend en partie de la proportion à établir entre nos diverses activités. Nous appuyant jusqu'à un certain point sur une doctrine ancienne, nous avons reconnu que pour toutes les catégories de l'activité, notre jugement doit chercher à découvrir le moyen terme entre les extrêmes. En outre, nous avons reconnu qu'il est appelé à se prononcer sur l'importance proportionnelle à accorder à chaque genre d'activité en particulier, considéré par rapport à l'ensemble des activités en général. Si nous regardons autour de nous, nous ne tardons pas à nous apercevoir que peu de gens se préoccupent de cette proportionnalité ; plusieurs semblent même ignorer sa raison d'être. On se consacre avec une énergie excessive, les uns à travailler, les autres à s'amuser, ceux-ci à s'instruire et ceux-là à enfourcher quelque chimère : nul ne paraît hésiter et se demander si l'objet de ses ambitions ne lui fait pas sacrifier à l'excès la poursuite des autres fins de la vie. Il en est tout spécialement ainsi de la poursuite du beau ou de ce que l'on considère comme tel. On dirait que l'esprit, surtout l'esprit des femmes, ne se demande pour ainsi dire jamais si l'on ne consacre pas un temps démesuré à embellir ce qui nous environne. On présume qu'il est toujours et partout méritoire de se vouer à la conquête de l'élégant et du fastueux et l'on ne s'aperçoit pas qu'on néglige en conséquence des fins importantes. L'observation prouve que l'esprit se pervertit et que le corps souffre par suite de cette subordination insensée de la réalité aux apparences. Tandis que bien des choses nécessaires à la bonne tenue du ménage restent en souffrance, la maîtresse de maison perd une grande partie de son temps à des ouvrages de fantaisie, à ranger les bibelots qui ornent son salon, à disposer des fleurs, etc. ; elle accorde bien moins de temps à veiller à la bonne qualité et à la préparation satisfaisante des aliments ou à diriger l'éducation de ses enfants [1].

[1] Depuis des années, je médite d'écrire un essai sur les Vices de l'Esthétique et j'ai soigneusement accumulé des exemples de la manière dont l'existence est faussée toutes les fois qu'on vise la beauté du dehors comme fin primaire au lieu d'en faire une fin secondaire et subordonnée à l'utilité. Voici quelques-uns des innombrables exemples de la manière dont la santé et nos aises sont perpétuellement compromises, quand on cherche à donner un cachet de beauté, vraie ou imaginaire, à des objets, qui ne devraient avoir aucun titre à cet honneur. Vous prenez votre tisonnier pour briser un bloc de charbon de terre et vous vous apercevez que le manche de cuivre, ouvré et vissé sur la tige en acier, ne tient pas et que le tisonnier vous branle dans la main ; l'instant d'après vous constatez que les ornements en filigrane du manche vous blessent la main à chaque coup que vous portez. Votre feu baisse et vous tournant vers le seau à charbon, vous voyez qu'il est vide et vous sonnez pour qu'on apporte du charbon. Qu'arrive-t-il alors ? Pour que cet élégant seau à charbon, dont le couvercle est peut-être orné d'une vue photographique enfermée dans un cadre doré, ne soit pas exposé aux dangers d'un voyage à la cave, vous devez entendre à votre porte le fracas qu'on fait en y transvasant le contenu d'un vulgaire seau tout noir, le tout accompagné d'un nuage de poussière et de la projection de menus morceaux de charbon : il faut bien vous résigner à cause de la vue photographique et de l'encadrement doré. Ayant arrangé votre feu, vous vous rasseyez ; vous ressentez à l'arrière de la tête une gêne, qui attire votre attention sur un anti-macassar moderne fait de fils qu'on a passés à l'empois : la beauté du dessin vous consolera de l'irritation causée à votre cuir chevelu. La même chose arrive aux repas. Au déjeuner on vous sert des rôties coupées dans un pain d'une qualité peu recommandable, mais dont la forme a l'avantage de se prêter à être découpée en triangles d'une irréprochable symétrie. Si vous prenez un œuf poché, on l'a fait cuire pour lui donner bonne apparence dans une quantité d'eau insuffisante ; résultat, le jaune, qui est au centre, n'est qu'à moitié cuit, tandis que le blanc, trop cuit, a une consistance coriace. S'il s'agit d'un repas plus relevé, les exemples foisonnent. Pour m'en tenir aux plats sucrés, voici une tarte, dont la croûte est manquée parce que le temps qu'il aurait fallu employer à la pétrir a été perdu à tracer les dessins en filigrane de l'extérieur ; en voici une autre revêtue d'un glacis de sucre, qu'un séjour prolongé dans le bain de vapeur nécessaire pour amener la fusion du sucre a rendue lourde et indigeste. A l'un des bouts de la table est posée une gelée ; afin de lui conserver la forme du moule élégant, dont elle sort, on lui a artificiellement communiqué une con-

Non seulement cette prédilection dont profitent les fins les moins importantes de la vie au détriment des plus importantes, appelle le blâme moral, elle appelle même le blâme esthétique. La poursuite excessive du beau se frustre soi-même. Beaucoup d'objets de ménage ne se prêtent pas à la décoration : il existe un contraste choquant entre un seau à charbon richement ouvragé et son contenu malpropre et noir. Il est tout aussi ridicule de perdre tant de temps à dessiner du feuillage ou des fleurs sur la croûte d'un pâté, qui, aussitôt vue, sera détruite. Une grande partie du mobilier d'une maison devrait passer inaperçue ou ne pas blesser nos regards. De plus, si le beau n'était visé que dans les objets, qui ont pour but exclusif de l'exprimer ou dans des objets toujours présents, chez lesquels la beauté n'exclut pas l'utilité, il en résulterait une somme totale supérieure de jouissances esthétiques, car, pour être bien appréciées, les choses belles doivent être mises en valeur par le voisinage de choses qui n'ont aucune prétention à la beauté. Une gracieuse statuette ou un beau paysage à l'aquarelle fait bien meilleur effet dans

---

sistance que n'atteignent que difficilement les véritables ingrédients de ce mets ; si vous commettez l'imprudence d'en goûter, il vous semble avoir mis dans la bouche une solution de gomme élastique. A l'autre bout, la passion pour les apparences éclate dans le bel aspect d'une crème moulée ; toutefois on l'a colorée au moyen du suc cramoisi d'une bête, qui, vivante, fait penser à un spécimen corpulent de certains insectes de l'ordre des hémiptères. Cette expérience, elle vous suit du matin quand au sortir du bain et tout mouillé, vous avez à démêler les jolies franges de votre serviette jusqu'au soir, lorsque vous cherchez partout votre tire-bottes : cet objet est peu décoratif et l'on a eu soin de le cacher dans le coin le plus reculé de votre chambre.

un milieu relativement simple et d'aspect tranquille que dans un appartement encombré de jolis brimborions ou prétendus tels. De plus une pièce où s'entassent les tableaux, les sculptures, les vases et les autres objets curieux, perd son cachet d'originalité, tandis que si elle ne renferme qu'un nombre restreint de belles œuvres présentées avec goût, elle devient elle-même une œuvre d'art.

L'habitude d'accumuler dans nos maisons les ustensiles superflus découle du même amour exagéré de l'ostentation. Je prendrai comme type le couteau à beurre en argent, ustensile absolument inutile. Ne me dites pas que le beurre exerce une action chimique sur l'acier, car chacun se sert d'un couteau en acier pour l'étendre sur son pain. Ne me dites pas davantage qu'un couteau en acier ne rendrait pas les mêmes services, car les couteaux à beurre sont au point de vue de la mécanique mal adaptés à l'usage auquel on les destine. Leur présence sur une table n'a d'autre raison d'être que de faire étalage de la fortune du maître de la maison en montrant qu'elle lui permet d'acheter un ustensile dont la société lui impose la possession. Il en est de même de mille autres objets de ménage tout aussi superflus. Ils entraînent des dépenses d'achat et d'entretien journalier parfaitement inutiles ; on les achète pour n'être pas critiqué quand on a le dos tourné.

La bienfaisance sociale nous ordonne donc d'éviter le plus possible de sacrifier l'utilité à l'apparence et de restreindre la perte de temps, d'énergie et d'argent, qui fait négliger les fins primaires pour les fins secondaires.

§ 464. — Une autre sphère d'action sollicite encore nos efforts en vue d'engager nos concitoyens à réformer leur genre de vie. L'intérêt général ordonne de résister à plusieurs usages et à plusieurs coutumes sociales en vigueur, de les modifier et parfois de les abolir. Dans certains cas la philanthropie a déjà reconnu ce devoir.

Citons à titre d'exemple les efforts faits pour restreindre la dépense extravagante des funérailles. On s'est aperçu que les exigences de l'usage pèsent lourdement sur les familles peu aisées et entament parfois sérieusement la modique somme, qui doit pourvoir aux besoins immédiats d'une veuve et de ses enfants. Les familles redoutent qu'un certain manque d'apparat ne semble impliquer un manque de respect pour la mort ; c'est ce sentiment qui impose péremptoirement les débours, qui deviennent une cause de souffrance. Ce mal sévit encore bien plus rigoureusement parmi quelques peuplades peu civilisées comme celles de la côte d'Or ; chez elles, écrit Beecham, « les funérailles entraînent la ruine complète d'une famille peu aisée ». Bien que chez nous ces frais funéraires soient assurément moins démesurés, il suffit pour les réduire encore davantage de se rappeler que ces rites coûteux sont accordés aux mauvais comme aux bons ; ils cessent donc d'être des signes de respect et leur abandon n'impliquerait aucune idée d'indifférence.

Des raisons analogues conseillent de mettre un frein à plusieurs coutumes en usage à l'occasion des mariages. Dans certains pays, celles-ci ont atteint un degré extrême inconnu chez nous et entraîné des maux, qui nous étonneraient. Chez une tribu peu civilisée, peut-être chez d'autres encore, la fête nuptiale est si ruineusement coûteuse pour la famille de la fiancée qu'on a recours comme remède préventif à l'infanticide des filles ; on s'en débarrasse dès le jeune âge afin de se soustraire à la dépense qu'elles imposeraient à l'âge nubile. En Angleterre, les dépenses mises à la charge des parents par les mariages, sont moins onéreuses ; toutefois d'autres inconvénients réclament également un remède. Jadis les cadeaux offerts à un jeune couple avaient pour objet de l'aider à se mettre en ménage ; aujourd'hui, comme jadis, tout cadeau offert dans ces conditions est parfaitement justifié. Mais de cette coutume rationnelle est sortie une coutume, qui ne l'est plus du tout. Les amis mûs par la crainte de la critique bien plus que par des sentiments d'amitié, font pleuvoir les cadeaux sur des fiancés qui sont amplement en état d'acheter tout ce qui leur plaît ; il en résulte un impôt sérieux grevant les personnes comptant beaucoup d'amis. Dans les classes supérieures, cet usage s'est répandu au point qu'on a le front d'imprimer dans les journaux la liste des cadeaux avec le nom des donateurs. Les uns font un étalage public de leur rang social et les autres de leur libéralité.

Voici encore un autre groupe des usages dont tout homme perspicace et soucieux du bien social désire la répression ; je veux parler des témoignages d'une sympathie complimenteuse qui se répètent à date fixe et à chaque saison. On me raconte qu'à Paris l'usage des œufs de Pâques est devenu si intolérable que bien des personnes s'échappent et font un voyage sous l'un ou l'autre prétexte. Le monde s'est en réalité assujetti à un système de taxation réciproque. A se croit obligé de faire des présents à B, à C, à D et au reste, B à A, à C, à D et au reste, et ainsi de suite en passant par toutes les lettres de l'alphabet. En Angleterre est née dans ces derniers temps l'habitude moins fâcheuse d'échanger des cartes de Noël et de Pâques. En dehors de la dépense de temps et d'argent et du dérangement infligé, tous ces usages entraînent des inconvénients négatifs et positifs : négatifs, parce qu'à mesure qu'ils s'étendent, ils perdent leur signification et cessent de causer du plaisir ; positifs, parce qu'ils engendrent le ressentiment contre les personnes qui s'en dispensent. Ces marques d'amitié n'ont de valeur que témoignées spontanément à une personne ou à un petit nombre de personnes qu'on chérit d'une façon particulière : dictées par la routine, elles perdent leur prix et peuvent devenir nuisibles.

Que chacun exige donc la véracité et la sincérité, et s'abstienne autant que possible des compliments, qui sous-entendent des contre-vérités. Si tous prenaient le ferme propos de ne proférer que le plus petit nombre possible de mensonges implicites, le commerce social serait considérablement assaini.

§ 465. — La plupart des lecteurs seront surpris de rencontrer les trois paragraphes précédents dans un livre sur la Morale ; on ne les a pas accoutumés à envisager les actes de la vie mondaine à ce point de vue. Toutefois, nous l'avons affirmé dès le début : toute conduite, qui détermine un accroissement ou une diminution de bonheur, appartient par quelque côté au domaine de la morale et nul ne contestera que les conventions mondaines y contribuent ou lui sont contraires.

Néanmoins quelques personnes blâment la bienfaisance sociale de recommander la résistance aux usages préjudiciables ; d'après elles, cette résistance donne un renom d'excentricité et enlève la possibilité de pousser à des réformes plus sérieuses, par exemple à des réformes politiques ou religieuses. Nous pourrions concéder la conclusion, si nous adhérions aux prémisses. Mais il n'est pas exact que la réforme des usages sociaux importe moins que d'autres réformes. Notons en effet les conséquences nuisibles de l'habitude qu'on a prise de faire en partie de la nuit le jour et de respirer l'atmosphère viciée par un système d'éclairage artificiel. Notons le mal causé par un arrangement maladroit des heures de repas : on fait son repas principal à l'heure où les forces de l'estomac sont assoupies au lieu de l'heure où elles sont le plus actives. Notons encore combien cet arrangement déraisonnable abrège le commerce social et accroît le formalisme de ce qu'il en laisse subsister. Rappelons-nous à quel point, comme je l'ai montré, l'existence, tout au moins des classes riches, est absorbée par tous les usages auxquels elles doivent se soumettre : tantôt à changer de toilette sans raison, à consulter des tailleurs et des couturières, à discuter des questions de toilette avec des amis ; tantôt à acheter ou à confectionner de soi-disant jolis objets, qui ne servent le plus souvent qu'à gêner nos mouvements ; tantôt à faire des visites, souvent avec l'espoir secret de n'être pas reçu[1]. Ajoutons-y le tracas incessant et la dépense exorbitante de fêtes, qui procurent peu de satisfaction et beaucoup d'ennuis, et nous constaterons que les inconvénients à combattre ne sont pas du tout insignifiants. Ceux qui se plient avec zèle à toutes ces exigences n'en sont pas plus heureux : ils jouent simplement la comédie du bonheur.

---

[1] Il y a une douzaine d'années, le journal satirique *The Owl* (le hibou) a publié une amusante satire de ce système. Il proposait d'ouvrir une Bourse pour dames (il aurait dû l'appeler un *Clearing-House* ou Comptoir de compensation) où leurs valets de pied porteraient chaque jour les cartes de visite qu'elles devaient à leurs amies et recevraient en échange celles qui leur seraient dues ; de la sorte, ce service de distribution machinale serait devenu plus économique.

Il me revient à la mémoire deux exemples qui prouvent combien, dans la vie sociale soumise à l'étiquette, la réalité se perd sous l'apparence. J'exprimais à une dame habituée à la vie routinière du grand monde mon aversion pour la fatigue d'un voyage en chemin de fer : elle me répondit que tout au contraire elle éprouvait une vive satisfaction à mettre le pied dans le train, qui chaque année l'emporte de Paris vers Alger, où elle a une résidence, et à se dire que pendant un certain nombre d'heures, elle allait être délivrée de toutes ses occupations fastidieuses : plus de fêtes, plus de visites, plus de lettres attendant une réponse. L'autre exemple m'a été fourni par des personnes, qui ont pu observer le contraste entre l'existence libre d'entraves qu'on mène dans la Nouvelle-Zélande et l'existence empesée qu'on mène en Angleterre. Les premiers émigrants qui s'établirent dans la Nouvelle-Zélande, appartenaient à une classe plus cultivée que la plupart des colons et y transportèrent ceux des usages de la vie civilisée, qui s'inspirent de sentiments délicats, mais ils laissèrent en arrière ceux qui sont purement conventionnels. Après avoir éprouvé pendant plusieurs années les résultats agréables de cet heureux choix, quelques-uns revinrent en Angleterre ; ils furent bientôt si dégoûtés de nos usages artificiels qu'ils s'en retournèrent en Nouvelle-Zélande. J'ai connu deux de ces colons et tous deux avaient l'idée bien arrêtée de finir leurs jours là-bas.

On a donc tort de croire que la tâche d'imprimer un caractère rationnel aux mœurs sociales soit une œuvre d'une minime importance relative. On pourrait même se demander si mesurée à l'échelle des effets sur le bonheur humain, cette fin n'est pas plus importante que toutes les autres. Tout homme, dévoué à l'espèce à laquelle il appartient, s'efforcera incessamment de simplifier les rouages et les usages sociaux et de réduire ainsi les frottements de l'existence. C'est un objet que la bienfaisance sociale ne doit jamais perdre de vue.

# CHAPITRE IX

## LA BIENFAISANCE POLITIQUE

§ 466. — L'injonction que l'on attribue à Charles I$^{er}$ : « Ne touchez pas aux affaires d'Etat », était fort à sa place dans la bouche d'un roi, les rois aimant naturellement à avoir leurs coudées franches. Par contre, il ne paraît pas aussi naturel que les sujets soient toujours prêts à s'y soumettre, et pourtant cette soumission générale dans le passé est encore chose fréquente de nos jours. Bien des gens, n'ayant probablement jamais entendu parler de la maxime du roi Charles, l'acceptent inconsciemment et semblent s'enorgueillir de leur sujétion. « Je ne me mêle jamais de politique, » dira un commerçant et son ton implique qu'il juge son abstention digne d'éloges.

Il a sans doute existé des temps malheureux où cette attitude mentale était convenable. Aux siècles d'un régime exclusivement militaire, alors qu'une soumission servile était nécessaire pour assurer le succès à la guerre, la pensée et l'action individuelles eussent été déplacées. Mais sous le régime politique

que nous avons atteint, il est du devoir de tout citoyen de prendre part à la vie politique. Négliger ce devoir, c'est faire preuve à la fois d'imprévoyance, d'ingratitude et de bassesse : d'imprévoyance, parce que l'abstention si elle devient générale, entraîne la décadence des institutions salutaires qui existent ; d'ingratitude, parce que ne prendre aucun souci des institutions tutélaires que fonda le patriotisme de nos ancêtres, c'est méconnaître notre dette envers eux ; de bassesse, parce que tirer profit de ces institutions et s'en remettre entièrement à d'autres du soin de les conserver et de les améliorer, décèle un penchant à recueillir des avantages sans rien donner en retour.

Pour que l'organisation politique d'un Etat libre conserve sa vitalité et sa force, il faut que toutes les unités composantes y jouent leur rôle. Si un certain nombre d'entre elles demeurent passives, l'organisation politique cesse d'exister pour ces unités ; elle se corrompt à mesure que leur nombre augmente. La bienfaisance politique implique le devoir d'empêcher un si funeste résultat. Jetons un coup d'œil sur quelques-uns des inconvénients qui procèdent de l'oubli de ce devoir et sur les avantages que l'on se procurerait à soi-même et à autrui en se montrant plus soucieux de le remplir.

§ 467. — Lorsque le système du *statut* a fait place au système contractuel, il devient nécessaire d'assurer le bon fonctionnement de ce dernier. A supposer que la protection de la vie des citoyens et leur liberté soient garanties, une vie sociale fondée sur une coopération volontaire exige encore que les conventions soient exécutées, que l'on paie les salaires stipulés pour chaque travail déterminé, que toute quantité déterminée de produits s'échange contre son prix en monnaie ou contre un autre produit équivalent ; que lorsque tels ou tels engagements ont été pris à de certaines conditions, ces engagements soient accomplis et ces conditions respectées. Si la loi criminelle doit nous protéger contre une agression directe, la loi civile doit nous protéger contre une agression indirecte, et la responsabilité de chaque citoyen est engagée dans les limites de son aptitude, à ce que ces fonctions soient exactement remplies.

Malheureusement à l'heure présente chaque citoyen n'a que peu ou point la conscience d'une telle responsabilité. S'il prend part à la vie politique, c'est pour se mêler à une campagne électorale ou pour s'associer à quelque mouvement en faveur de la réduction des heures de travail, de la diminution du nombre des débits de boissons, ou de l'obtention par les municipalités du droit d'exproprier des distributions d'eau, d'établir des lignes de tramways, etc. Mais quant à la nécessité de maintenir la condition essentielle d'une vie sociale vraiment saine, c'est-à-dire de veiller à ce que chaque citoyen recueille le bénéfice intégral de ses actions, sans qu'il lui soit permis de faire peser sur autrui les conséquences mauvaises qu'elles peuvent entraîner, à ce que dans ce double but chacun soit contraint d'exécuter ses promesses et mis à même de toucher la rétribution qu'il a stipulée, quant à toutes ces choses essentielles, le citoyen ordinaire s'en soucie fort peu. Il ne songe qu'à des questions superficielles et néglige la question fondamentale. Il oublie la folie d'une législature qui laisse se succéder les générations sans rien faire qui permette aux citoyens de connaître la loi. Il regarde d'un œil indifférent la conduite absurde que tiennent chaque année les Chambres des Lords et des Communes en grossissant de nombre d'Actes nouveaux le vaste amas des Actes anciens et en rendant ainsi la confusion législative plus inextricable encore. Et comme si c'était le résultat de l'ordre immuable de la nature, il demeure oisif tandis que dans les cours de justice le bon droit succombe devant l'injustice servie par la procédure ; que tout le gain d'un procès est mangé par les frais ; que les plaideurs peu fortunés se ruinent à poursuivre des plaideurs plus riches qui les bravent grâce aux appels ; tandis enfin que la grande masse du peuple aux droits duquel on attente, préfère subir ces iniquités que de courir le risque d'en souffrir de plus grandes encore.

Une bienfaisance politique vraiment rationnelle mettrait beaucoup plus d'énergie à chercher à supprimer ces énormes abus qu'à poursuivre la revision de la Constitution ou l'extension des droits de l'Etat. L'inaccomplissement de la condition primaire de la coopération sociale vicie en effet de mille manières la vie de tout le monde. On se nourrit d'aliments sophistiqués, on porte des vêtements dont l'étoffe est mélangée avec de l'étoffe de qualité inférieure, parce qu'il n'existe aucun moyen facile de punir la fraude qui consiste à vendre une chose, qui, pour partie au moins, n'est pas ce qu'elle doit être. On paie chaque article acheté plus qu'on ne le devrait parce que, dans toute industrie, une certaine somme annuelle passe en frais de procédure qu'il faut ensuite récupérer en majorant le bénéfice. Chacun est en danger de subir les lourdes pertes provenant du fait qu'un autre homme avec lequel on est en relations d'affaires, est exposé aux suites de manœuvres frauduleuses qui peuvent entraîner sa faillite, et dont il ne lui est pourtant pas possible d'obtenir une réparation suffisante. Si, dans la plupart des cas, le but immédiat ne masquait pas le but éloigné, les hommes verraient qu'en cherchant à obtenir une administration de la justice intègre et efficace, ils travailleraient beaucoup plus sûrement au bonheur de l'humanité qu'en poursuivant les fins que l'on qualifie ordinairement de philanthropiques.

§ 468. — Tout le monde admettra probablement que la vie politique n'est saine qu'autant qu'elle est consciencieuse, mais peu de personnes accepteront le corollaire qu'une vie politique fondée sur la lutte des partis est malsaine et que la bienfaisance politique doit s'attacher à rendre cette lutte moins âpre et à l'apaiser dans la mesure du possible. Il n'est pas douteux pour nous autres Anglais qu'aux Etats-Unis, où l'arrivée au pouvoir des démocrates ou des républicains a pour conséquence la révocation de tous les fonctionnaires du parti adverse et leur remplacement par des hommes du parti victorieux, où partants et arrivants sont lourdement mis à contribution pour défrayer les campagnes électorales qui leur donnent ou leur enlèvent places et revenus, les rouages du gouvernement sont faussés par cette substitution des intérêts particuliers aux intérêts publics. Mais on perd généralement de vue qu'en Angleterre le gouvernement des partis dans sa lutte pour le pouvoir est infecté de vices qui, pour être moindres qu'en Amérique, n'en sont pas moins encore très graves.

L'un de ces vices a toujours été manifeste, mais il s'affiche de jour en jour davantage. C'est la malhonnêteté des candidats prodigues de professions de foi auxquelles ils ne croient pas et promettant de faire ce qu'ils n'approuvent pas, afin de se concilier des appuis et de soutenir leurs chefs politiques. Pour parler franc, ils font assaut de mensonges pour s'emparer du pouvoir. De quel nom en effet convient-il d'appeler en bon anglais ces nombreux députés qui par leurs votes déclarent penser telle chose alors qu'en réalité ils pensent tout le contraire ? Les choses en sont venues au point qu'un vote qui semble l'expression d'une opinion sur une question intéressant peut-être le bonheur de millions d'individus, a cessé d'avoir cette signification, et n'implique plus que le désir de voir tels ou tels hommes occuper tels ou tels postes !

On allègue l'excuse que « la fidélité au parti exige le sacrifice des convictions personnelles ». Hélas ! on fait de la loyauté au parti une vertu imaginaire à laquelle on sacrifie une vertu véritable : la sincérité. D'où vient cette prétendue vertu de la loyauté au parti ? Dans quel système de morale figure-t-elle ? Elle n'est qu'un type de conduite malhonnête déguisé sous un euphémisme. C'est un vice vulgaire qui a pris le manteau de la vertu.

Le système actuel a vicié à ce point les sentiments et les idées que le peu d'hommes qui refusent de s'y conformer, sont conspués et représentés comme cherchant à entraver l'action politique. En Amérique, où l'organisation des partis est encore plus développée que chez nous, quiconque refuse d'abdiquer ses convictions et de suivre la populace conduite aux urnes par un « boss[1] », est désigné sous une épithète méprisante et traité de pharisien et de misanthrope. Sur cette terre de la liberté, conformer sa conduite à son opinion personnelle est devenu un

---

[1] Terme usité en Amérique pour désigner les représentants d'un parti dans une localité. (*Note des trad.*)

crime politique. Le gouvernement, auquel on donne avec raison le titre de représentatif, est devenu un pur simulacre sous le couvert duquel fleurit une oligarchie de gens en place, de chasseurs de places et de gens qui exercent un pouvoir irresponsable.

Le gouvernement de parti, bien loin d'être un moyen de faire exécuter la volonté nationale, ne cesse d'être un instrument destiné à la contrecarrer. Admettons qu'un ministre porté au pouvoir par des électeurs, dont beaucoup ont cru à des promesses qui ne seront jamais remplies, représente l'opinion de la nation sur quelque question à l'ordre du jour. Une fois au pouvoir, les chefs du parti, soutenus par une majorité compacte, feront pendant des années et en toute liberté bien des choses pour lesquelles ils n'ont jamais reçu aucun mandat. Une petite coterie conduite par un homme jouissant d'une grande influence et s'appuyant sur des partisans soumis qu'anime « la fidélité au parti », votera telle ou telle loi qui, objet d'un plébiscite, serait sûrement rejetée. A ce second point de vue encore le gouvernement de parti est destructif du gouvernement représentatif. Un homme suivi d'une troupe de serviteurs obéissants peut pour un temps imposer sa volonté à la nation, à la manière d'un monarque investi d'un pouvoir despotique.

« Mais ces inconvénients, dira-t-on, sont inséparables de la vie politique? » et l'on pense trouver dans cette phrase un argument irréfutable en faveur du gouvernement de parti. Je viens de lire le livre d'un Américain partisan de ce système ; il s'exprime en ces termes : « Tout acte public doit être soutenu par un parti et défendu par l'autre. Il ne peut y avoir plus de deux partis, ni plus de deux solutions pratiques d'une question. » L'erreur est ici transparente. L'argument implique en effet cette prémisse qu'un parti n'a jamais à se prononcer que sur une seule question. Il suppose que ceux qui sont d'accord avec les chefs d'un parti sur la question qui a porté ceux-ci au pouvoir, seront d'accord avec eux sur toutes les questions qui se poseront au cours de leur mandat : cette supposition est absurde. Mais on demande encore : « Comment un ministre pourra-t-il demeurer au pouvoir si l'opinion particulière de ses partisans ne se soumet pas à la sienne ? Qu'arrivera-t-il si les votes des membres dissidents du parti renversent incessamment les ministres ? » On trouve ici un exemple de plus des innombrables erreurs nées de l'hypothèse qu'un élément du problème venant à changer, tous les autres demeureront immuables. Si les politiciens étaient consciencieux ; si par suite aucun d'eux ne consentait à voter une mesure qu'il n'estime pas bonne ; si conséquemment l'assemblée des représentants ne se divisait pas comme aujourd'hui en deux grands partis, mais en plusieurs petits partis et en membres isolés et indépendants, aucun ministre ne compterait sur une majorité constante. Qu'arriverait-il ? On n'exigerait plus la démission d'un ministre mis en minorité et il accepterait simplement la leçon qui lui est donnée par ce vote. Le ministre ne serait plus comme maintenant le maître de la Chambre, mais son serviteur : il ne lui imposerait plus sa politique, mais se soumettrait à la sienne. Aucune loi ne serait donc promulguée si elle n'obtenait l'appui sincère de l'opinion moyenne des divers partis, preuve qu'elle serait très probablement conforme au sentiment national. Prétendrait-on que ce système retarderait l'adoption des lois ? Tant mieux s'il en devait être ainsi, répondrons-nous : on ne devrait jamais introduire de changements politiques qui n'aient eu à triompher de grandes résistances.

Mais en dehors de ces considérations, le *prescrit* moral est clair. On peut aussi bien mentir en actions qu'en paroles et la morale n'approuve pas plus l'un que l'autre. La bienfaisance et la véracité doivent marcher de front comme prenant toutes deux leur source dans les lois supérieures de la conduite juste ; la bienfaisance politique se manifeste en exigeant la sincérité politique.

§ 469. — La bienfaisance politique n'a pas seulement pour mission d'édicter des prescriptions générales concernant l'adoption de lois équitables dûment portées à la connaissance de tous et le souci de la sincérité dans la conduite politique ; elle commande encore que l'administration soit active et intègre.

Cette tâche comprend évidemment le choix de bons représentants aux assemblées nationales et locales. On a bien quelque perception de la nécessité d'un effort résolu dans ce sens, mais cette perception est encore peu éclairée. On n'a pas une conscience adéquate du devoir particulier qui incombe à chaque électeur non seulement au moment du vote, mais qui l'oblige à veiller à ce qu'une désignation préalable de bons candidats facilite le choix d'un bon représentant. S'il existe à l'heure actuelle une organisation minutieuse établie dans le but de fixer le choix entre les candidats en présence, il n'existe qu'une organisation au petit bonheur pour la désignation des candidats : et cependant cette dernière fonction est en réalité plus importante que la première. A quoi sert-il en effet d'avoir le droit reconnu de se prononcer entre A et B, lorsque des influences secrètes ont choisi dans la personne de A et de B deux candidats également peu recommandables? A l'heure actuelle le *caucus*[1] local de chaque parti, plus ou moins placé sous la direction d'un *caucus* central séant à Londres, annule la liberté des électeurs en les forçant à choisir entre deux ou trois candidats : en pratique, les électeurs sont souvent réduits à nommer le moins déplaisant des trois. Un pareil système se soucie peu de la véritable capacité d'un représentant. A-t-il été dans le pays un généreux

---

[1] *Caucus*, terme usité aux États-Unis pour désigner le comité ou le congrès électoral d'un parti. (*Note des Trad.*)

bienfaiteur ? S'engage-t-il à soutenir le chef du parti? S'est-il prononcé en faveur de tel ou tel projet favori ? Sa famille est-elle influente ? a-t-il les allures familières propres à rallier des votes? Ce sont là, avec d'autres du même acabit, les considérations qui déterminent le choix du *caucus* et par suite celui du corps électoral. Quant à savoir s'il a une connaissance approfondie de la politique, s'il a l'expérience des affaires administratives, si c'est un homme prévoyant, consciencieux et indépendant, s'il ne promet que ce qu'il approuve et se sent capable d'accomplir, ce sont là des questions que l'on se pose rarement. Il s'ensuit que la Chambre des Communes est composée de politiciens incapables, de chasseurs de popularité, de serviteurs des passions du moment, qui croient, comme leurs commettants, que la société n'est pas un organisme en voie d'évolution, mais une machine manufacturée de toutes pièces, qui poursuivent leurs travaux législatifs sous l'empire de l'erreur profonde que l'on peut à son gré donner telle ou telle tournure aux choses, et qui, s'attachant à la réalisation d'intérêts personnels ou de parti, ne se demandent pas quelles seront les conséquences finales de leurs expédients passagers. La bienfaisance politique commande de s'élever avec force contre un tel système. Elle prescrit comme un devoir de chercher le moyen de mettre les électeurs à même d'exercer un choix effectif au lieu d'un choix nominal, et de les amener à élire des hommes qui soient de véritables législateurs et non les instruments d'un parti.

Les électeurs des membres des conseils de comté, des conseils municipaux, des conseils de fabrique et d'assemblées analogues sont aiguillonnés par les chefs du parti chaque fois qu'il y a lieu de procéder à une élection : l'élection passée, la plupart d'entre eux retombent dans leur quiétude ordinaire et ne prêtent que peu d'attention aux actes de ces corps constitués; si on leur signale l'oisiveté ou la corruption de ces assemblées, nulle idée d'un devoir public ne leur inspire le désir d'en chercher les remèdes. Tel boutiquier ne se mettra pas en avant parce qu'il pourrait, ce faisant, mécontenter certains de ses clients directement ou indirectement intéressés dans une question louche. Parmi les malades que soigne tel médecin, quelques-uns, s'ils ne sont pas solidaires de ceux dont il serait nécessaire de dénoncer l'insouciance ou l'incapacité, sont du moins dans d'excellents termes avec eux : le médecin ne se sent nullement obligé de se brouiller avec ces clients. Même un homme riche dont les intérêts pécuniaires ne peuvent être mis en danger par son attitude, hésitera à agir par crainte de se rendre impopulaire. Il sait qu'il se créerait des inimitiés sans acquérir en compensation aucune amitié nouvelle. Enfin bien des gens qui ne sont soumis à l'influence d'aucun de ces motifs, ne voient pas pourquoi ils se mettraient en avant sans espoir de recueillir aucun bénéfice personnel. C'est ainsi que les abus naissent et grandissent.

Il en va généralement ainsi pour toutes les administrations. On ne conçoit pas que la bienfaisance politique impose à tout homme le devoir de veiller pour sa part au bon fonctionnement de l'organisation politique, générale et locale[1].

[1] Qu'il me soit permis d'expliquer ma pensée en citant un exemple de mauvaise administration qui passe chaque jour sous les yeux des millions d'habitants de Londres. Je fais allusion à l'état invariablement exécrable des chaussées macadamisées. Quelle en est la cause ? Il suffit pour s'en apercevoir de regarder ce qui arrive lorsqu'il a plu. Généralement, sinon toujours, au point culminant de la surface madacanisée se trouve un fragment de pierre cassée, parfois deux ou trois fois plus gros que la moyenne des autres morceaux de pierre qui composent la voie. Chacun de ces gros fragments étayé par en dessous par plusieurs autres, oppose à la pression des roues une force de résistance supérieure à celle des morceaux plus petits qui l'entourent et devient proéminent. Chaque fois qu'une roue de voiture passe à grande allure sur cette saillie, elle est projetée en l'air et retombe aussitôt brusquement et lourdement sur la partie adjacente de la chaussée. A force de se répéter, ces chocs forment un creux. Il y a pis. Par les temps pluvieux, chaque creux, se remplissant d'eau, devient moins dur et moins résistant que les parties saillantes. La chaussée devient une suite de bosses et de fosses. Cet état de choses entraîne divers inconvénients. Les centaines de milliers de personnes, qui circulent en omnibus, en cabs ou en voitures, ont à supporter des secousses continuelles, désagréables pour les gens robustes et très pénibles pour les gens débiles ; les véhicules s'usent plus vite que de raison ; les chevaux fatiguent davantage et il devient nécessaire de les remplacer plus souvent. Enfin les voies elles-mêmes se détériorent rapidement. Pourquoi ? tout simplement parce que l'entrepreneur concessionnaire de l'entretien des rues réalise un bénéfice en violant la clause qui fixe les dimensions des morceaux de pierre. Et comme le rouleau à vapeur introduit depuis quelques années aplanit les petits morceaux et les gros, l'inspecteur reçoit l'ouvrage comme bien fait. Pour quel motif ? Hélas ! les entrepreneurs sont souvent riches et les appointements des inspecteurs ne sont guère élevés.

Voici donc un exemple d'un état de choses manifestement déplorable au sujet duquel on se plaint en pure perte. Si vous le signalez à un conseiller du comté, il vous répond que le conseil n'a aucune autorité en pareille matière, et vous n'obtenez pas davantage satisfaction si vous en parlez à un conseiller communal. Parmi tant de gens en place et multitude d'individus qui devraient veiller à ce que les autorités remplissent leur devoir, il ne se trouve personne qui fasse une tentative pour remédier à ce grave abus.

§ 470. — « La liberté est le prix d'une éternelle vigilance, » a dit un des anciens hommes d'Etat de l'Amérique ; une éternelle vigilance est encore le prix du bon fonctionnement des institutions. L'imperfection de toute organisation humaine est en raison exacte de l'imperfection de la nature humaine. Et cette organisation deviendra de plus en plus imparfaite, si l'on ne s'attache sans cesse à en découvrir les défauts et à les empêcher de grandir.

Une juste appréciation du devoir public engagera donc à ne rien négliger pour détruire les abus aussitôt qu'ils deviennent perceptibles et sans attendre qu'ils prennent un caractère de gravité. Les mauvais errements, qui à la longue paralysent ou rendent nuisible telle ou telle administration, commencent par les petites négligences contre lesquelles personne ne juge d'abord utile de protester. Chaque progrès du mal également peu sensible est jugé sans importance et passe sans être relevé, jusqu'à ce qu'enfin on voie le mal devenir grave et peut-être incurable. Un exemple qui prouve bien comment la négligence que l'on met à redresser de légers défauts, peut entraîner facilement des désastres, est celui qui m'a souvent frappé lorsque je regardais vider l'écluse d'un canal. Par-ci par-là, à mesure que le niveau de l'eau s'abaisse, un mince filet d'eau s'échappe d'une crevasse dans la muraille latérale; cette crevasse, l'eau y passera de nouveau lorsqu'on remplira l'écluse et lorsqu'on recommencera à la vider.

Dans une écluse vieille et mal entretenue, non seulement ces jets d'eau sont nombreux, mais il en est qui sont devenus très volumineux. A chaque manœuvre de l'écluse, la cavité, qui s'est formée peu à peu derrière chacune de ces fissures, se remplit et se vide ; plus elle se creuse et plus la puissante masse d'eau qui y pénètre et en sort, élargit la cavité et la rigole. A la longue, à défaut de réparation, les joints de la pierre sont tellement rongés, le fond de la muraille est si crevassé qu'un des côtés s'effondre. Ainsi dans une institution l'insouciance ou l'égoïsme commencent par entraîner des abus d'abord insignifiants, qui, tolérés par l'indifférence ou par ce qui paraît être un caractère accommodant, s'accroissent peu à peu jusqu'à ce que toute l'économie en devienne inutile ou nuisible.

Il faut donner pour guide à cette « éternelle vigilance », nécessaire au maintien non seulement de la liberté, mais de l'intégrité, un principe directement contraire à celui que l'on met d'ordinaire en pratique. La plupart des gens posent en principe, dans les affaires publiques comme dans leurs affaires privées, que tout va bien tant qu'il n'est pas prouvé que tout va mal : ils devraient tout au contraire partir de l'idée que tout va mal tant qu'il n'est pas prouvé que tout va bien. Ils ont beau entendre prêcher sans cesse dans les églises que l'homme est né mauvais, ils ont beau trouver chaque jour dans les journaux le récit de nombre de filouteries et de collusions, non pas seulement d'ordre banal, mais d'espèce compliquée comme celles que commettent les sociétés lancées par des faiseurs ou des syndicats d'escrocs : tous semblent convaincus qu'il n'y a et n'y aura jamais rien de malhonnête dans les transactions de la vie politique ou sociale auxquelles ils sont mêlés. Bien que chaque quittance que l'on se fait délivrer, soit une précaution prise contre l'improbité, bien que dans les actes authentiques on multiplie les dispositions en vue d'écarter toute violation des conventions, bien que chaque acte du Parlement soit rempli de clauses impliquant la croyance que les gens se conduiront malhonnêtement s'ils en voient la possibilité, l'opinion commune est qu'à moins de preuves convaincantes, il ne faut jamais émettre de soupçon sur la manière d'agir des corps constitués ou des administrations officielles, et cela malgré l'expérience quotidienne démontrant que les faillites des banques et les désastres des sociétés commerciales ont pour cause une confiance mal fondée dans l'intégrité des administrateurs et l'absence de toute garantie contre l'improbité[1].

[1] Au moment même où s'impriment ces pages, nombre de faits instructifs sont signalés à l'attention de tout homme capable de comprendre la leçon qu'ils comportent. Sans parler d'exemples moins fameux, on annonce simultanément dans les journaux des poursuites contre la « Liberator Building Society », la « London General Bank Limited », la « Hansard Union Limited », « Hobbs et C° Limited », la « Banque Barker et C¹⁰ », en Italie, l'affaire de la Banca Romana et en France le gigantesque scandale du Panama dans lequel sont impliqués les chefs de l'entreprise, des députés et même des ministres. Ce qui n'empêche pas que demain il surgira de nouvelles affaires et qu'on continuera à penser que tout va bien jusqu'au jour où une catastrophe prouvera de nouveau que tout allait mal.

En inspirant une « éternelle vigilance », la bienfaisance politique sera toujours prête à découvrir la corruption sous toutes ses formes, à résister aux usurpations de pouvoir même les plus insignifiantes. Elle sera prompte à dénoncer les actes qui s'écartent le moins du monde de la ligne droite et à affronter la haine que l'on encourt en prenant de semblables initiatives.

# CHAPITRE X

## LA BIENFAISANCE EN GÉNÉRAL

§ 471. — Plusieurs des propositions classées sous la rubrique de la bienfaisance et énoncées dans les chapitres précédents, en particulier dans les derniers, auront surpris le lecteur. Généralement on n'attribue de portée morale qu'à certaines branches spéciales de la conduite politique et sociale et nous venons d'attribuer cette portée à la plupart des branches de la conduite en général. C'est que les sujets que nous avons traités, ne pouvaient pas être omis ; le lecteur en conviendra s'il a présente à l'esprit la doctrine exposée au début de l'ouvrage et récemment répétée, doctrine d'après laquelle toute conduite qui d'une manière tant indirecte que directe est productive de bonheur ou de souffrance, doit être par là même jugée au point de vue du juste ou de l'injuste. Nous avons étudié en premier lieu la conduite purement personnelle, qui ne touche pas autrui ou ne touche autrui que de très loin, et en second lieu la conduite qui, sous le nom de justice, détermine les bornes que la vie sociale impose à la vie individuelle ; presque tout ce qui dépasse ces deux domaines est du ressort de la bienfaisance négative ou positive. Car presque tout ce qui les dépasse, exerce à chaque heure sur autrui des effets agréables ou pénibles.

Le domaine de la bienfaisance étant ainsi conçu, il est évident qu'il embrasse encore plus de modes de la conduite que nous n'en avons envisagé. Il faudrait un espace trop considérable s'il fallait traiter en détail des moteurs et des agents répressifs, qui doivent diriger notre conduite envers les personnes de notre entourage. Il est des mots, des inflexions de voix, des expressions de visage qui au cours du commerce journalier excitent des émotions désagréables, d'autres qui en excitent d'agréables : les sommes de bonheur ou de malheur ainsi produites dépassent souvent de beaucoup les effets d'actes bienfaisants ou malfaisants d'un caractère plus apparent. Non qu'il faille entièrement attribuer les qualités agréables ou désagréables de la conduite à la présence ou à l'absence de mobiles bienfaisants ; elles ont communément pour cause la présence ou l'absence du désir de plaire. Néanmoins la séduction propre aux manières douces, qui a sa source dans la sympathie, est presque toujours aisément reconnaissable ; la bonté feinte captive rarement autant que la bonté native.

Ce genre de bienfaisance est toujours le fruit d'un vif sentiment de la solidarité humaine, tandis que le sentiment général du devoir, le désir d'établir d'équitables relations entre les hommes, un idéal de conduite élevée sont susceptibles de donner naissance aux autres genres de bienfaisance. Dans quelques natures fines et délicates, cet esprit de solidarité domine et se manifeste avec spontanéité ; la bienfaisance est alors devenue organique. Tout le monde se sent devenir meilleur en leur présence ; ces natures d'élite constituent des centres de bonheur. L'immense majorité des natures inférieures n'arrive par contre à satisfaire aux prescrits de la bienfaisance que dans la mesure où elles parviennent à se créer un idéal de conduite et à s'y subordonner ; encore n'y réussissent-elles qu'en partie. Il leur arrivera de discerner à temps quelque manifestation naissante d'un sentiment antipathique, qui essaie de poindre en elles, et de le réprimer ; ou bien elles saisiront avec une rapidité suffisante l'occasion qui s'offre de témoigner de la sympathie ou même de l'éveiller par une représentation subite et figurée des circonstances, qui la réclament. Une certaine somme de discipline personnelle, modique à la vérité, procédera ainsi du souci constant des exigences de la bienfaisance.

Outre la discipline bienfaisante de la conduite envers les membres de la famille et les amis, il faut se préoccuper de la discipline bienfaisante de la conduite envers les subalternes et les personnes d'une condition sociale inférieure. Une vaste sphère s'ouvre ici à l'influence bénigne de la bienfaisance. Les manières de se conduire, qui rappellent continuellement les relations de supérieur à inférieur, nous ont été léguées par le régime militaire, sa hiérarchie et son obéissance obligatoire. Elles imprègnent notre vie sociale et il est difficile de leur résister. Certes les caractères élevés répugnent aux usages, qui rappellent à d'autres hommes leur infériorité, et les inférieurs d'humeur indépendante en gardent d'autre part un vague ressentiment; toutefois il semble impossible de changer tout d'un coup les mœurs établies et de se débarrasser des émotions contraires à la bienfaisance qui en découlent. Cependant un relâchement dans les coutumes rappelant aux hommes l'échelon social qu'ils occupent, s'est manifesté à mesure que le régime contractuel se substituait au régime du *statut*. Ce progrès est suffisant pour que de nos jours un homme véritablement bien élevé s'efforce de mettre à l'aise ses interlocuteurs de condition sociale inférieure; loin de chercher à faire sentir une distinction quelconque entre eux et lui, il cherche au contraire à en effacer le sentiment.

Comme régulatrice du commerce social, la bienfaisance a pour fonction d'accroître le bonheur des moins fortunés en les élevant pour un temps au niveau des plus fortunés et de leur faire oublier autant que possible les différences de rang et de fortune, qui les séparent.

§ 472. — Bien des lecteurs ont déjà sans doute à

différentes reprises protesté, si ce n'est explicitement, du moins implicitement contre toute adhésion même tacite à un système social qu'ils réprouvent ; ces derniers paragraphes vont sans doute soulever de nouvelles protestations. Impatients de délivrer l'humanité des innombrables maux de l'heure présente, maux dont ils accusent notre système actuel d'organisation, ils rejetteront avec indignation toute conclusion qui implique la perpétuité de cette organisation. Ecoutons ce qu'ils nous diront :

« Votre conception de la bienfaisance est radicalement dénuée de bienfaisance. Vos remarques au sujet des bornes à mettre à la liberté de la concurrence et des contrats partent de la conviction que, dans l'avenir comme dans le présent, les profits individuels continueront à être l'enjeu de luttes entre les hommes. Vos observations sur les restrictions à apporter au blâme considèrent comme fondés en équité les services que les déshérités rendent aux favorisés du sort. Les diverses manières de faire la charité que vous blâmez ou que vous approuvez, présupposent qu'il continuera à exister des classes inférieures et des classes supérieures. La persistance de l'existence de ces classes est également admise dans vos dernières exhortations à propos de la conduite. Mais les hommes émancipés des croyances du passé, discernent clairement que les relations sociales actuelles sont mauvaises et doivent être changées. Une vraie morale, une vraie bienfaisance n'acceptera jamais ces inégalités que vous tenez pour définitives. Si la morale doit avoir le dernier mot, tous les arrangements sociaux du genre de ceux que nous connaissons, seront abolis et remplacés par des arrangements où les différences de caste et de fortune auront disparu; sous leur empire, il ne restera aucune place pour une grande partie des actions que vous avez qualifiées de bienfaisantes. Elles en seront exclues, car elles seront devenues superflues ou irréalisables. »

Sans doute cette protestation n'est pas dépourvue d'un certain fondement *a priori*. Une société dans laquelle les distinctions de classes sont très accusées, ne remplit pas les conditions voulues du bonheur absolu. Il sera toujours impossible pour toutes les unités sociales d'être également douées de dons naturels (s'il pouvait exister, cet état de choses serait intolérable), mais il est possible que l'humanité atteigne un certain état d'égalité reposant sur une distribution à peu près égale des différentes catégories de facultés, les inférieurs sous de certains rapports étant supérieurs sous d'autres ; cet état offrira le spectacle d'une diversité infinie combinée avec une uniformité générale, exclusive de toute hiérarchie sociale. La morale absolue prévoit l'existence de ce type de nature humaine et du type social qu'elle déterminera.

Mais n'oublions pas que durant les phases de l'évolution que les hommes et la société traversent lentement, nous avons à nous occuper de morale relative et non de morale absolue. Les yeux fixés sur les préceptes de la morale absolue considérés comme idéal, notre tâche est de peu à peu façonner le réel sur ce modèle, en observant la mesure que réclame l'état actuel des choses. Une transformation soudaine étant impossible, l'accomplissement subit des exigences suprêmes de la morale est de même impossible.

§ 473. — Quand, mécontent du progrès à petites doses qui seul est définitif, on espère atteindre un état social élevé par une réorganisation immédiate, on sous-entend en fait que les qualités bonnes ou mauvaises de l'esprit humain peuvent subir une modification telle que leurs effets mauvais seront soudain remplacés par des effets heureux. Il n'était pas plus chimérique de croire au temps jadis aux merveilles des fées que de croire, comme de nos jours, aux merveilles qu'accomplirait un système social sorti d'un bouleversement.

Notre globe, de l'extrémité occidentale de la Russie au *Far West* californien et de Dunedin dans le Nord à Dunedin aux antipodes, est un immense théâtre d'actes de violence depuis les conquêtes de peuple à peuple jusqu'aux agressions d'homme à homme ; un système social impliquant des égards fraternels de chacun pour tous et de tous pour chacun, y serait donc singulièrement déplacé. Le caractère des hommes du dix-neuvième siècle attise les haines internationales et la passion ardente de la vengeance, encourage les duellistes et méprise ceux qui refusent de laver une injure légère dans le sang ; il ne se prête pas à fournir la matière propre à façonner des communautés vivant dans la paix et l'harmonie. Nos contemporains se ruent en foule vers les scènes de brutalité des concours de *foot-ball*, ils conseillent d'une voix hurlante les joueurs, se précipitent sur les arbitres qui ont cessé de leur plaire et les forcent d'invoquer la protection de la police ; et l'on demande à ces mêmes hommes de témoigner une tendre sollicitude pour les droits d'autrui en vertu d'un accord à conclure en vue du bien général. Par quel prodige du génie réussira-t-on à faire vivre sous un régime d'institutions parfaites des gens qui abattent à coups de fusil les malheureux coupables du refus d'entrer dans leurs associations politiques, qui mutilent et torturent le bétail de leurs adversaires, envoient des émissaires faire sauter des personnes inoffensives afin de semer la terreur, et qui, si leurs misérables instruments sont condamnés, s'indignent de ne pas les voir remettre en liberté. Une imagination déréglée peut seule admettre qu'un régime social supérieur au nôtre puisse avoir pour défenseurs les employés de chemins de fer, qui saccagent et incendient le matériel des compagnies qui refusent de souscrire à leurs prétentions, les ouvriers des hauts fourneaux et des ateliers de construction, qui accueillent à coups de feu les ouvriers prêts à se contenter des salaires qu'ils ont refusés, qui essaient de détruire ces travailleurs et leurs maisons au moyen de la dynamite et s'efforcent de les empoisonner en masse, les ouvriers mineurs provoquant des guerres civiles locales afin d'écarter une concurrence gênante. Tout ce monde, absolument dénué de scrupules quant aux moyens d'action, ne songe dans son égoïsme qu'à faire payer son travail le plus cher possible et à en fournir aussi peu que possible ; quelle déraison que de s'attendre à le voir dépouiller subitement son égoïsme et ses membres les plus forts s'abstenir désormais d'user de leur supériorité de peur de faire du tort à ceux qui leur sont inférieurs.

Laissons ces exemples extrêmes ; une passion universellement répandue suffira à nous montrer combien il est absurde d'espérer qu'une conduite égoïste puisse, sans transition aucune, se transformer en conduite altruiste. Le jeu et les paris font rage dans toute la nation depuis les châteaux et les clubs de l'aristocratie jusqu'aux habitants de la cuisine et les gamins dans la rue, en passant par les classes commerçantes, leurs fils et leurs filles ; cette passion a pour caractère distinctif et général que chacun vise à s'enrichir aux dépens du voisin. Et l'on vient nous dire que, dans un ordre social nouveau, les plus capables se sacrifieront tous afin d'abandonner des bénéfices aux moins bien partagés ! Sans transformation du caractère humain, par la seule vertu d'une transformation du système social, on espère recueillir les fruits de la bonté, et cela en l'absence de la bonté elle-même !

§ 474. — La majorité se figure volontiers que la nature humaine est immuable ; d'autres, moins nombreux, s'imaginent qu'elle peut évoluer rapidement. Ils se trompent, les uns et les autres. De profondes modifications s'opèrent seulement au cours d'une longue série de générations : les modifications légères, telles que celles qui distinguent chaque nation, prennent des siècles ; les modifications considérables, qui transforment une nature égoïste en nature altruiste, exigent des périodes entières dans la vie de l'humanité. Une discipline prolongée de la vie sociale résultant de la jouissance des effets heureux de la soumission aux nécessités sociales et de la souffrance engendrée par la négligence, dont on a fait preuve à l'égard de celles-ci, est seule capable de mener ces modifications considérables à bon terme.

Il serait oiseux d'insister sur ce point si l'éducation donnée aux classes supérieures et qu'à leur tour celles-ci imposent avec opiniâtreté aux classes inférieures, ne cachait à tous les secrets palpables de la nature. L'un de ces secrets, c'est que toute action sociale ou politique est nécessairement déterminée par l'esprit individuel ou collectif des êtres humains ; c'est que les conceptions mentales et les activités humaines, qui en découlent, font partie intégrante de la vie et sont soumises aux mêmes lois ; c'est que les lois universelles de la vie embrassent les lois de ces vies individuelles ou collectives. Si cette vérité, qui devrait constamment luire à leurs yeux, était perçue par les hommes d'Etat, les politiques, les philanthropes et les faiseurs de chimères, ils comprendraient que tous les phénomènes sociaux, passés, présents et futurs, sont inséparables de la réadaptation de l'humanité au milieu sans cesse renouvelé où s'écoule son existence ; cette réadaptation n'est autre chose que le passage de l'état de vie prédatoire et errante du sauvage aux mœurs sédentaires et laborieuses des nations civilisées. De la sorte ces hommes d'État et ces politiques se rendraient compte d'un fait : c'est que cette longue évolution, au cours de laquelle les aptitudes et les appétits primitifs doivent s'effacer, tandis que se développeront de nouvelles aptitudes et de nouveaux désirs, a pour cause unique une série continue de souffrances. Il deviendrait évident pour eux qu'il y a impossibilité d'échapper à ces souffrances nées de la tension excessive et constante de certaines facultés et des obstacles opposés au déploiement de certaines autres facultés souffrant de leur état d'inaction forcée et contrainte. De tout ce qui précède, ils finiraient par conclure que la tentative d'enrayer cette évolution en mettant les individus et les classes sociales à l'abri des inflexibles nécessités de l'état de société, est non seulement impuissante à alléger la souffrance, mais qu'elle doit contribuer à l'accroître ; en effet, il faut bien à la longue compenser la perte d'adaptation, qu'entraîne le relâchement des conditions de l'adaptation. La réadaptation est alors à recommencer au prix de nouvelles souffrances à endurer.

Il s'ensuit qu'à côté des fonctions permanentes de la bienfaisance, qui deviendront de plus en plus prédominantes à mesure que nous approcherons de l'état social ultime, ses fonctions temporaires et propres à notre état transitoire devront continuer à s'exercer pendant des milliers d'années. Toutes les fois que les hommes s'efforcent de réaliser leur idéal en réformant les sociétés sans se réformer eux-mêmes, ils courent à un désastre ; assagis par la souffrance et se soumettant de nouveau à la dure discipline qui les avait conduits au point qu'ils avaient atteint, ils se remettent ensuite en marche vers un nouveau progrès. De profonds changements sont encore indispensables pour que cette marche en avant puisse se reprendre sans encombre. Déjà sur une grande partie du globe, les hommes ont cessé de s'entre-dévorer et de recueillir une gloire proportionnée à leurs succès dans ce genre d'exploits ; lorsque les sociétés auront cessé de s'entre-dévorer et de se glorifier de leurs succès dans ce genre d'entreprises, l'humanisation de la brute à face humaine s'effectuera dans un délai relativement court. Un progrès notable vers le règne de la justice politique à l'intérieur sera toutefois impossible tant que durera le règne du brigandage politique à l'extérieur. Lorsque l'antagonisme entre la morale de l'amitié et la morale de l'inimitié se sera apaisé, le mouvement ascensionnel vers l'état social élevé, dont les contours se projettent vaguement dans les songes confus de nos rêveurs sociaux, pourra se produire sans se heurter à des difficultés excessives.

Entre temps, la bienfaisance a pour principale fonction temporaire d'adoucir les souffrances inhérentes à cette transition, ou plutôt elle a pour mission d'en écarter les souffrances inutiles. Les angoisses de la réadaptation sont nécessaires, mais il est des angoisses superflues qu'on doit exclure au grand avantage de tous. Abstraction faite de ses autres effets, la bienfaisance est bonne en soi toutes les fois qu'elle écarte une souffrance. Toutes les fois qu'elle procure un adoucissement présent, sans l'obtenir aux dépens du bien à venir de l'individu, elle est meilleure encore. Mais la meilleure de toutes les bienfaisances est celle qui calcule, non seulement ses effets tant rapprochés qu'éloignés sur l'individu, mais encore ses effets sur la postérité et sur la société en général. Car cette bienfaisance-là a le sentiment de sa responsabilité : elle préfère souffrir immédiatement dans ses sentiments sympathiques plutôt que de rester en proie à la pensée qu'elle a contribué à faire naître des peines futures plus intenses et plus étendues. La bienfaisance suprême n'est pas seulement prête à sacrifier, en cas de nécessité, des plaisirs égoïstes ; elle est encore prête à sacrifier au besoin des plaisirs altruistes.

§ 475. — Nous voici revenus à la conclusion que nous avions déjà une fois atteinte : les sacrifices personnels nécessités par l'état transitoire iront en diminuant et finiront par n'occuper que peu de place dans la vie sociale future, tandis que les émotions qui les inspirent, ne serviront plus à adoucir la souffrance, mais à engendrer le bonheur. En effet, la sympathie, qui est à la racine de tout altruisme, nous fait participer à la fois aux sentiments agréables et aux sentiments pénibles ; à mesure que ces derniers deviendront plus rares, elle aura pour rôle à peu près exclusif la participation aux premiers.

Je l'ai dit au § 93 : à une époque où les souffrances d'une vie ordinaire l'emportent sur les jouissances, les sentiments d'une sympathie toujours en éveil et prompte à s'émouvoir ne servent qu'à produire la souffrance et à la rendre plus acerbe. Si de nos jours les hommes aux perceptions délicates et vivant dans une condition relativement fortunée, étaient pleinement conscients de la misère de leurs frères, ils seraient aussi malheureux que le reste des hommes : la somme totale du malheur s'en trouverait accrue. La vie serait intolérable aux hommes doués d'une tendance élevée à la sympathie, si leur imagination leur représentait sans cesse en traits de feu les tortures infligées aux nègres par les chasseurs d'hommes arabes, l'existence épouvantable des Canaques réduits en esclavage sous un autre nom que celui d'esclaves, les souffrances journalières des *ryots* (cultivateurs) hindous à demi affamés et gémissant sous le poids des impôts, les mornes existences des paysans russes soumis à la conscription ou saignés à blanc, même en temps de famine, pour entretenir d'autres conscrits.

Un sentiment de solidarité intense serait une malédiction pour celui qu'il animerait, s'il lui rappelait incessamment le tableau navrant de la misère physique et morale des masses populaires, l'interminable labeur contre lequel protestent leurs sensations, les maigres aliments souvent obtenus en quantité trop faible, le mince vêtement, le foyer glacé, le mauvais couchage, les enfants qui pleurent, la femme aigrie par les privations et le mari que la boisson transforme par intervalles en bête brute; le tout rendu plus angoissant encore par l'absence de tout espoir et par la conviction qu'il en sera toujours ainsi et que la vieillesse ne fera que redoubler une grande partie de cette amère souffrance. Le spectacle continu d'une irrémédiable détresse tend à refouler ou à endurcir les sentiments altruistes; bien que ceux-ci contribuent à mitiger les souffrances associées à la réadaptation de notre race, ils ne peuvent se développer que dans la mesure où cette misère diminue. Une légère diminution de souffrance détermine un léger accroissement de sympathie ; cet accroissement bien dirigé peut de nouveau amener une diminution de souffrance, laquelle diminution rend possible un nouvel accroissement de sympathie et ainsi de suite par étapes régulières. Mais le sentiment de la solidarité ne prendra son plein développement que lorsque la somme des souffrances sera devenue insignifiante.

Lorsque l'excès de la population se sera considérablement réduit, en premier lieu par l'action d'une contrainte dictée par des motifs de prudence et plus tard par suite d'une diminution de la natalité, quand on ne rencontrera plus que dans les musées les carabines à longue portée, les canons monstres, les obus à la dynamite et tous les engins de massacre en gros que les peuples chrétiens ont si soigneusement perfectionnés, la sympathie s'épanouira et atteindra un degré de développement que nous parvenons à peine à concevoir. Le processus de l'évolution doit en effet forcément favoriser toutes les transformations du caractère, qui accroissent la vitalité et augmentent la somme du bonheur ; tel est en particulier l'effet des transformations qui s'accomplissent avec une minime déperdition de forces. Les caractères humains, empruntant le secours d'un langage émotionnel, vocal ou facial, plus parfait, parviendront à s'identifier tout à fait avec les sentiments agréables d'autrui, de façon à s'en pénétrer, et seront capables d'une félicité bien supérieure à celle qui est possible aujourd'hui. La participation à la vie mentale d'autrui constituera une grande partie de leur propre vie mentale.

A mesure qu'avancera l'œuvre de la réadaptation, l'altruisme cessera de plus en plus d'être un agent d'adoucissement de la souffrance et deviendra de plus en plus le propagateur du bonheur de l'humanité.

§ 476. — Ils sont rares les hommes qui accepteront notre conclusion ; la plupart sont retenus, les uns par des raisons intellectuelles, les autres par l'impulsion de leurs émotions. Les premiers appartiennent à la catégorie des penseurs qui croit à l'évolution organique ; ils savent que plusieurs des innombrables transformations qu'elle a déterminées, ont accompli des merveilles à peine croyables ; malgré tout, ils sont convaincus qu'aucune transformation ultérieure ne se produira et n'attendent même pas la transformation relativement peu accusée qui élèverait les types humains supérieurs au niveau d'une coopération sociale harmonique. La seconde catégorie comprend la classe bien plus nombreuse des gens qui ne s'intéressent guère à l'avenir de l'humanité et qui regardent d'un œil indifférent une conclusion qui ne leur promet aucun avantage personnel, soit dans cette vie, soit dans l'autre.

Néanmoins quelques rares penseurs diffèrent intellectuellement des uns et moralement des autres. Il leur semble raisonnable de croire à la continuation de l'évolution et déraisonnable d'en douter ; leur raison se refuse à admettre que les causes qui ont produit de si admirables effets dans le passé, resteront sans effet sur l'avenir. Ils ne s'attendent pas à ce qu'aucune des sociétés existantes atteigne un type d'organisation élevé, ils ne s'attendent pas à ce qu'aucune des variétés humaines existantes s'adapte jamais complètement à la véritable vie sociale, mais ils prévoient au travers de fluctuations incessantes, tantôt en avant et tantôt en arrière, une évolution qui adaptera l'humanité future aux nécessités de l'existence. En même temps que cette conviction, s'affermit le désir de favoriser ce développement. La sollicitude, ne s'arrêtant plus au bien-être de la descendance personnelle, mais s'étendant au bien-être de la nation et des institutions nationales, et, dans quelques cas, à celui d'autres nations et d'autres races, prendra de plus en plus la forme d'une ardeur à contribuer au bien-être général de l'humanité.

Dans l'avenir, l'ambition suprême des hommes bienfaisants sera de se vouer, même en secret et dans une proportion insensible, à « faire l'Humanité ». L'expérience démontre qu'on se voue parfois avec un intérêt extrême à la poursuite de fins, qui n'ont absolument rien d'égoïste ; plus nous avancerons et plus grand sera le nombre des hommes qui, purs de toute parcelle d'égoïsme, se consacreront à la fin sublime de favoriser cette évolution future de leurs frères. Contemplant du haut des sommets de la pensée les lointains de la vie humaine, de cette vie qu'il ne leur sera pas donné de partager, mais qui sera celle d'une postérité reculée, ils éprouveront un calme bonheur à se dire qu'ils ont aidé les hommes à s'en rapprocher.

# TABLE DES MATIÈRES

## LA BIENFAISANCE NÉGATIVE

| | | |
|---|---|---:|
| Préface | | 1 |
| Chapitre | I. — Les différents genres d'altruisme | 3 |
| — | II. — La restriction de la liberté de la concurrence | 25 |
| — | III. — La restriction de la liberté des contrats | 39 |
| — | IV. — La restriction des paiements à titre gracieux | 55 |
| — | V. — La restriction dans la manifestation des talents | 67 |
| — | VI. — La restriction du Blâme | 75 |
| — | VII. — La restriction de l'Éloge | 87 |
| — | VIII. — Les sanctions ultimes | 99 |

## LA BIENFAISANCE POSITIVE

| | | |
|---|---|---:|
| Chapitre | I. — La bienfaisance conjugale | 107 |
| — | II. — La bienfaisance paternelle | 119 |
| — | III. — La bienfaisance filiale | 131 |
| — | IV. — Les secours aux malades et aux blessés | 137 |
| — | V. — Les secours contre les sévices et le danger | 147 |

| | | |
|---|---|---|
| Chapitre | VI. — Les secours pécuniaires aux parents et aux amis | 159 |
| — | VII. — Le soulagement de la pauvreté. | 169 |
| — | VIII. — La bienfaisance sociale. | 197 |
| — | IX. — La bienfaisance politique. | 219 |
| — | X. — La bienfaisance en général. | 237 |

---

ÉVREUX, IMPRIMERIE DE CHARLES HÉRISSEY

www.ingramcontent.com/pod-product-compliance
Lightning Source LLC
Chambersburg PA
CBHW062236180426
43200CB00035B/1800

Flebilibus deducta modis lugubria fundo
Carmina. O.

Ne foret aut Elegis molles qui fleret amores. Juv.

Boileau, ainsi qu'Horace, indique que le domaine de l'Elégie a été étendu :

La plaintive Elégie, en longs habits de deuil,
Sait, les cheveux épars, gémir sur un cercueil.
Elle peint des amans la joie et la tristesse, etc.

L'*Élégie* a été rappelée à sa destination première, et ce titre indique de nos jours une poésie inspirée par la douleur ou la mélancolie.

Le vers *Élégiaque* n'est point usité dans la tragédie, quoique les sentimens exprimés par les poètes qui en ont fait usage, se retrouvent souvent sur la scène. Euripide seul a introduit quelques *Pentamètres* dans son Andromaque. Ovide indique que c'était une chose nouvelle pour la tragédie de s'exprimer en vers *Pentamètres*, lorsqu'il fait dire à l'Elégie, s'adressant à la Muse tragique :

Imparibus tamen es numeris dignata moveri :
In me pugnâsti versibus usa meis.

Le vers *Pentamètre* ne s'emploie jamais seul, et la raison en est simple. Coupé en deux parties égales, et reproduisant toujours son indispensable *césure*, il eût offert la plus fatigante monotonie. Il ne faut voir dans ces vers de Virgile, qu'un court et ingénieux badinage :

Sic vos non vobis nidificatis, aves.
Sic vos non vobis vellera fertis, oves.
Sic vos non vobis mellificatis, apes.
Sic vos non vobis fertis aratra, boves.

FIN.

# TABLE DES MATIÈRES.

## PREMIÈRE PARTIE.

| | | |
|---|---|---|
| Préface. | | |
| Introduction. | Page | 1 |
| Chap. I. | Des Equivalens. | 2 |
| Chap. II. | Des Synonymes. | 6 |
| Chap. III. | Changemens du Substantif. | 7 |
| Chap. IV. | Changemens dans les Nombres. | 12 |
| | Changemens dans les Cas. | 14 |
| Chap. V. | Changemens de l'Adjectif. | 17 |
| Chap. VI. | Changemens du Verbe. | |
| | Modes. | 19 |
| | Temps. | 22 |
| | Nombres. | 24 |
| Chap. VII. | Changemens de l'Adverbe. | 25 |
| Chap. VIII. | Changemens des Conjonctions. | 26 |
| Chap. IX. | Changemens de Tournures. | 29 |
| Chap. X. | Des Périphrases. | 35 |
| Chap. XI. | Des Epithètes. | 39 |
| | Emploi de plusieurs Epithètes. | 45 |
| | Place des Epithètes. | 47 |
| Chap. XII. | Des Sources de Développemens. | |
| | Répétition. | 49 |
| | Expression redoublée. | Id. |
| | Apposition. | 51 |
| | Incise. | Id. |
| | Ablatifs poétiques. | 52 |
| | Idée développée. | 54 |
| | Amplification. | 55 |
| | Enumération des parties. | 56 |

TABLE.

Chap. XIII. Des Licences poétiques. Page 57
    Relatives a la Syntaxe. 58
    Anastrophe, ou renversement de construct. *Id.*
    Tmèse. 60
    Ellipse. *Id.*
    Syncopes dans les noms et dans les verbes. 61
    Syllepse. 66
    Hypallage. 64
    Tournure non suivie. *Id.*
    *Examen de quelques licences plus rares.* 67
    Nominatif pour accusatif. *Id.*
    Verbes actifs pris dans un sens réfléchi. 68
    Présent pour le passé. *Id.*
    Présent pour le futur. *Id.*
    Deux verbes placés irrégulièrement à des temps différens. *Id.*
    Endiaduoin. 69
    Hystérologie. 70

Chap. XIV. Licences relatives aux règles de la versification. 72
    Vers hypermètres. *Id.*
    Paragoge : Infinitifs passifs terminés en *er*. 73
    Diplasiasme, ou redoublement d'une lettre. *Id.*
    Brève allongée par deux consonnes qui commencent le mot suivant. *Id.*
    *Que* allongé. 74
    E abrégé à la troisième personne pluriel du parfait de l'indicatif. *Id.*
    E abrégé à l'infinitif de *ferveo*. *Id.*
    Génitifs de la première déclinaison en *aï*. 75
    Apocope : *e* retranché dans *ne* interrogatif. 75
    Crase, synérèse. *Id.*
    *Examen de quelques licences plus rares.* 76
    Césures brèves allongées. *Id.*
    Elision omise. *Id.*
    Syllabe longue devenant brève, au lieu d'être élidée. *Id.*

| | | |
|---|---|---|
| | Synérèses peu fréquentes. | Pag. 77 |
| | Diérèse. | Id. |
| Chap. XV. | Du Style poétique. | 78 |
| | Manières poétiques de remplacer esse, habere. — Les *Pronoms*. | 80 |
| | Emploi de la répétition. | 83 |
| | Polyptote. | 84 |
| | Antithèse. | 85 |
| | Apostrophe. | 86 |
| | Périphrase. | 87 |
| | Antonomase. | 88 |
| | Métaphore. | 89 |
| | Pensées hardies. | 90 |
| | Style pittoresque. | Id. |
| | Style abondant. | 91 |
| Chap. XVI. | Abus du Style Poétique. | 92 |
| | *Abus* de l'antithèse. | Id. |
| | de l'apostrophe. | 93 |
| | de hardiesse — enflure. | 94 |
| | d'esprit — recherche. | Id. |
| | de l'antonomase. | 95 |
| | de la métaphore (relativement à l'expression.) | Id. |
| | de la métaphore (relat. à la pensée.) | 96 |
| | de la périphrase. | Id. |
| | du style pittoresque. | 97 |
| | du style abondant. | 98 |
| Chap. XVII. | De l'Usage des Développemens. | |
| | *Usage* de l'amplification. | 100 |
| | de l'énumération des parties. | 102 |
| | de l'accumulation. | 105 |
| | Description. | 107 |
| | Comparaisons. | 109 |
| Chap. XVIII. | De l'Imitation. | |
| | chez les anciens. | 113 |
| | chez les modernes. | 116 |

## SECONDE PARTIE.

### DES DIFFÉRENTES ESPÈCES DE VERS.

| | |
|---|---|
| CHAP. XIX. DU VERS HEXAMÈTRE. Pag. | 126 |
|     Comment on doit finir le vers hexamètre. | 126 |
|     Vers spondaïque. | 127 |
| CHAP. XX. DE L'ÉLISION. | 130 |
| CHAP. XXI. DE LA CÉSURE. | 133 |
| CHAP. XXII. DE L'HARMONIE EN GÉNÉRAL, OU HARMONIE MÉCANIQUE. | 139 |
| CHAP. XXIII. DE LA CADENCE. | 144 |
| CHAP. XXIV. DE LA PÉRIODE POÉTIQUE. | 148 |
|     Des rejets les plus ordinaires. | 149 |
|     Etendue de la période. | 150 |
|     Manières de la terminer. | 152 |
| CHAP. XXV. DE L'HARMONIE IMITATIVE. | 156 |
|     résultant du choix de certaines lettres, de certaines syllabes. | 158 |
|     résultant du choix des dactyles et des spondées. | 160 |
|     (emploi du vers spondaïque). | 164 |
|     résultant des rejets. | 166 |
|     résultant des suspensions. | 171 |
|     résultant des élisions. | 175 |
|     résultant des césures. | 177 |
| CHAP. XXVI. DU VERS PENTAMÈTRE. | |
|     Son usage. | 181 |
|     Enjambement. | Id. |
|     Fin du vers pentamètre. | 183 |
|     Césure. | 184 |
|     Elision. | 185 |

| | |
|---|---|
| CHAP. XXVII. Du Vers iambique. | Pag. 187 |
| Iambique pur. | 188 |
| Différens pieds admis par le vers iambique. | Id. |
| Tableau du vers iambique. | 191 |
| Fin du vers iambique. | Id. |
| Césure. | 192 |
| du vers iambique de Phèdre. | 194 |
| des Comiques. | 196 |
| du vers scazon. | 199 |
| du vers saturnius. | Id. |
| iambique dimètre. | 201 |
| anacréontique. | Id. |
| dimètre hypermètre. | Id. |
| trimètre catalectique. | Id. |
| tétramètre catalectique. | 202 |
| tétramètre acatalectique. | Id. |
| CHAP. XXVIII. Vers et Strophes alcaïques. | 202 |
| Vers asclépiade. | 208 |
| CHAP. XXIX. Vers et Strophe saphiques. | 210 |
| Vers phaleuce. | 214 |
| CHAP. XXX. Du Vers trochaïque. | |
| Trochaïque dimètre catalectique. | 216 |
| dimètre hypermètre. | 217 |
| de cinq pieds. | Id. |
| tétramètre catalectique. | 218 |
| tétramètre acatalectique. | 219 |

### Dérivés du Vers trochaïque.

| | |
|---|---|
| Vers aristophanien. | 219 |
| alcaïco-dactylique. | 220 |
| grand archiloquien. | Id. |
| CHAP. XXXI. Dérivés de l'hexamètre. | |
| Vers adonique. | 221 |
| archiloquien. | Id. |
| glyconique. | Id. |

| | | |
|---|---|---|
| | phérécratien. | Pag. 222 |
| | phalisque. | Id. |
| | alcmanien. | Id. |
| | grand asclépiade. | Id. |
| Du Vers anapestique. | | 223 |
| | monomètre. | Id. |
| | dimètre. | 224 |
| | tétramètre. | 224 |
| Ionique mineur. | | Id. |

Chap. XXXII. Du mélange de différens Vers.
Réunion de deux espèces de vers. 225
Réunion de trois espèces de vers. 228
Notes. 229

FIN DE LA TABLE.

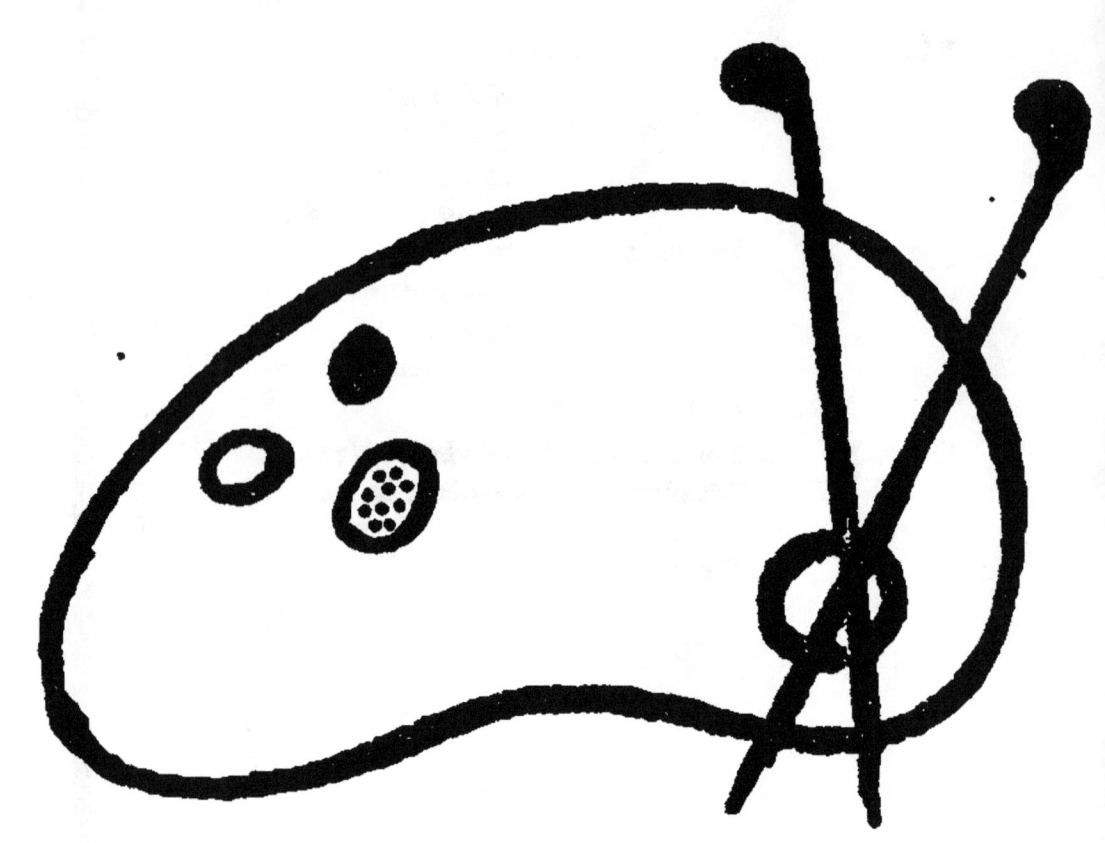

Original en couleur
NF Z 43-120-8

www.ingramcontent.com/pod-product-compliance
Lightning Source LLC
Chambersburg PA
CBHW062234180426
43200CB00035B/1749